새로운 周易 繫辭傳 研究

새로운 周易 繫辭傳 研究

文章次序 改修 및 譯解

圓齋 朴用載 編述 / 中溪 高聖勳 譯解

한국학술정보(주)

차 례

本文篇

補說篇

序文(一)

朴用載

周易繫辭傳　章次改修序

　畏乎畏哉　以愚者之淺學　斯周易繫辭傳　章次改修之意　豈敢而以
有生心乎萬一也歟　然余平生或得餘暇日時則　每以玩周易爲業　及
於時　繫辭首章外諸章之文　忽覺其章次與文脈或間有不相連之義
更潛玩索便有得乎其文意矣　由此以後　修改之意不解於心以欲改
非不知蒙大罪而乃決改修之志矣　雖然當改修之際　其次序骨格則
以重其從前之義置之　但其文脈之體有相連未分之處　又章次其緖
端之意與下文　若有不相連之疑者則　皆以因其章始端之緖而斷其
章節之義而已　然而孔夫子此篇文章之例　蓋著書中文勢以其生於
未盡之意者則　更設其義爲緖以終極其意矣　故以是而爲章節耳非
愚者之志意而敢斷之者也　然此篇因改修而若或有非義者則　以俟
後之君子校正而已
　檀紀四千三百二十年　丁卯閏六月　日朴用載　謹修敢罪

　두렵고 두려운지라. 愚者의 천박한 배움으로써 이 周易　繫辭傳

의 章次에 대하여 改修의 뜻을 어찌 감히 나의 마음으로 만의 하나인들 가질 수 있겠는가.

그러나 나로서 평생에 餘暇日時를 얻으면 매양 周易을 익히 보는 것으로 業을 삼더니 어느 때에 미쳐서 계사전의 글이 首章 외에 諸章의 글이 그 章次와 더불어 文脈이 서로 옳지 않음을 문득 깨닫고 다시 잠심하여 익숙히 탐색함에 그 文意를 얻음이 있었다.

이를 연유한 후에 개수의 뜻이 마음에서 떠나지 아니하므로 고치고자 함에 大罪를 입음을 알지 못함은 아니로되 이에 개수의 뜻을 결심하였다. 그러나 비록 개수하는 즈음에 당하여서 그 글의 次序와 骨格에 대해서는 종전의 意義를 중히 여기는 생각에서 그대로 두고, 다만 그 文脈의 體가 서로 연결이 분명치 않음이 있는 곳과 章次의 緖端의 의의가 그 下文과 서로 連繫가 아니 되는 의심이 있는 곳은 모두 章次의 첫 실마리를 근본으로 하여 그 章과 節의 의의를 끊었을 따름이다.

이 계사전의 文章의 例는 대개 저서 중의 文勢를 생각해 볼 때 그 미진한 의의가 있으면 다시 그 의의를 베푸는 것을 실마리로 삼아 그 의의를 끝내 맞추었던 것이다. 그러므로 이로써 이 글의 章과 節을 지었을 뿐이며, 이 愚者의 뜻을 가지고 감히 판단을 내린 것은 아니다. 그리고 이 계사전의 文章序次의 개수로 인하여 혹 意義의 잘못됨이 있을 것 같으면 後日의 君子가 살펴보아서 바로잡아 줄 것을 기다릴 따름이다.

단기 사천삼백 이십년 정묘 윤유월 일 박용재 근수감죄

序文(二)

趙明彙

周易 繫辭傳의 章次 및 文章의 序次를 왜 改修하였는가? 圓齋 朴用載 先生은 文章의 순서가 불분명하고 문맥이 맞지 않기 때문에 이를 근심하여 바르게 傳하려고 한 것이다.

周知하는 바와 같이 계사전은 저술된 지 오래되었고 그동안 道統의 脈이 浮沈을 겪으면서 산실되고 훼손된 것을 宋代에 儒學의 부흥에 힘입어 程子와 朱子가 정리해 놓은 것이 현존하는 계사전이다. 程, 朱가 아니었다면 어찌 되었을까? 훼손되었거나 산실된 簡編으로 전해졌을 것을 생각하면 두렵고 안타까운 일이다. 과연 그분들의 功績을 기리지 않을 수 없다.

繫辭傳을 詳考해 보건대 그 重要性은 程子와 張子의 評論으로 충분하다. 宇宙觀的 根幹이며 人間의 道德 倫理의 바탕이라 할 수 있다. 계사전뿐만 아니라 그 以前에는 書冊이 竹木簡이었다. 이는 竹 또는 木片을 가죽 끈으로 맨 冊을 이르는데 史記에 "孔子의 韋編三絶" 등이 이를 證據해 주고 있다. 앞에 말한 대로 竹木簡이 산실, 훼손되었던 것은 "焚書坑儒"와 같은 혼란한 時代相으로 짐작할 수 있다.

이에 程子가 가다듬고 朱子가 추인한 例를 論據해 본다. 註에 "簡編에 있는 저쪽 글을 이쪽으로 옮기는 것이 옳다." 하는 程子의 기록을 朱子는 "簡本에 있는 글을 程子가 옮긴 것에 대하여서는 나도 같은 생각이니 그대로 따르겠다."라 하였고, 정리된 후에도 다시 擧論한 것을 살펴보면 註에서 "有相連處 有不相連處", "合與上文相連 不合在下", "上下文意 都不相連屬" 등의 句節이 있으니 그들도 文脈이 서로 連하기도 하고 不連한 곳이 一部分 있는 것을 認定하고 있다. 그 後 現 書冊으로 傳해진 것은 不幸中 多幸이나 問題點만은 後學의 몫으로 남아 내려왔던 것이다.

이와 같은 問題들에 대한 圓齋 先生의 見解를 보면 아래와 같다. "계사전은 本經의 풀이(解說)가 아니라 理解를 돕기 위하여 쓴 글이다. 그러므로 이 傳의 글이 各 章에는 首題文만이 그 意義를 本經에 두고 그 首題文을 本으로 하여 그 文章이 이루어졌기 때문에 이 傳의 글이 비록 易 本經의 理解를 돕는 글이라 하되 그 文章의 編著만은 自成一書한 것으로 斷定을 내려야 한다."라는 것이 그의 持論이다. 즉 易의 解說이라면 그대로 보아도 되지만 自成一書라 한다면 文脈을 개수할 수도 있는 것이 마땅하다고 본 것이다. 旣存에 上傳 十二章, 下傳 十二章인 것을 圓齋 先生은 上傳 五章 十五節, 下傳 五章 十五節, 總 十章 三十節로 章次를 개수하고 文脈을 整理하였다. 이렇게 하고서야 文脈이 순조롭고 한 編의 思想書로서 그 文義가 더욱 뚜렷해진 것이다.

程朱 이래 千餘 年이 흐른 뒤에 문맥을 수정하려는 先生의 意圖는 지은이의 本旨를 살리고 後學들의 周易 繫辭傳에 대한 理解를 돕고자 함이었다. 그의 學者的인 연구와 深度 있는 通察과 용

기 있는 大膽性에 깊은 憂慮와 讚辭를 드린다. 先生은 平生을 草野에서 周易研究에 몰두하고 앎과 行을 몸소 실천으로 一貫해 오신 분이다. 특히 말년에 계사전에 力點을 두고 정리에 心血을 기울여 本書를 내놓고, 또한 後學薰陶에 歲月을 消盡하였다.

이에 門徒들이 先生의 뜻을 기려 한 卷의 冊으로 世上에 내놓게 된 것이다. 우리는 지금 道學의 貧困으로 觀을 잃고 彷徨하는 現世를 살고 있다. 未來를 걱정하는 少數의 진정한 學者들이 바른 宇宙觀과 人生觀을 계사전과 같은 思想書를 근간으로 하여 道學 定立에 힘써야 할 때라고 본다. 道學思想은 甚大하고 尤大하다. 居易와 易簡을 바탕으로 敬天, 崇祖, 愛人, 齊物의 基本秩序를 回復하는 밝은 社會를 念願해 본다. 學問의 秩序나 社會의 秩序도 易理에 反할 수 없다. 不遠復이다.

끝으로 이 책을 편찬하는 데 東奔西走 진력하신 休復易經學會의 高聖勳 會長과 權五寅 同仁께 敬意를 表하고, 또 无盡未來研究院의 任承爀 敎授 및 여러분의 노고에 진심으로 감사드린다.

哲學博士 白川 趙明彙

於江陵 易庸齋

序文(三)

趙喆濟

慶州高等學校 漢文敎師

　易은 우주의 廣大하고 神妙한 모든 이치를 담고 있는 영역이라고 생각한다. 더구나 象數의 변화와 卦爻의 應用은 물론이고, 그 經文의 용례가 극히 短句이지만 그 상징성과 함축적 의미는 다양하게 나타나고 있으며, 아울러 그 운용은 體와 用으로 활용하고 있다. 이를테면 위로 天體의 질서와 운행을 살피고 아래로 人文의 생래적 법칙을 기준으로 삼아 이를 인간의 日常에 적용하였던 것이다. 易이 지니고 있는 학문적 妙理와 매력은 이 같은 관념적 개설을 적절히 비유하고 배열하는 데 있고, 그 상징성을 부호로 표시하여 실용화하였다는 사실이다. 따라서 역학은 우리 先人의 삶과 더불어 밀접한 관련을 갖고 있으며, 이를 深化하며 발전해 나갔던 日用의 學이라고 본다. 중국의 '子集' 등 수많은 옛 문헌이나 詩文에서 이를 보다 더 심도 있게 풀이하거나 援用한 예는 흔히 찾아볼 수 있고, 우리나라 名儒들의 문집 가운데 易에 대한 논저는 別集에서 隻句에 이르기까지 언급하지 않는 바 거의 없다. 즉 先儒들이 남긴 문헌을 考究하려면 역학에 대한 이해가 선행되지 않고는 실제 着手할 수 없는 것이 저간의 실정이라고 본다.

그러나 역에 대한 做工은 학자에 따라 의도한 方向이 다를 수 있고, 그 해석 또한 얼마든지 달리할 수 있는 要素를 안고 있다고 본다. 易이 日用이었다면 선유들도 더러 그러했듯이 卜筮나 數理的 역을 피할 수 없었다고 생각한다. 비록 揲蓍라는 일정한 법을 갖지 않더라도 仰觀俯察하여 자연의 흐름을 관조하고 이를 推理하고 넓혀서 자신은 물론 가까운 주변에 적용하려 했던 것이다. 이러한 과정에서 우리 선인들은 항상 다소의 학문적 우려를 깊이 생각했던 것으로 보인다. 즉 인간의 心性에 대한 올바른 이해와 爲己의 본질적 품행을 수행하지 않고, 재능에 따라 이를 여러 사실에 적용하려 한다면 이는 본뜻을 잃을 가능성이 매우 높다는 것이다. 그리하여 역학에 대한 많은 글이 義理學에 대한 기본 이념을 전제하여 발전하였고, 이것은 역학의 가장 원론적 개념으로 인식하기에 이르렀다. 또한 이 같은 儒家의 학문적 소양은 먼저 論孟 등 경전과 史書를 涵泳할 필요가 있고, 이러한 바탕에서 역학이 수용되고 정립되어야 한다고 생각한다.

저는 1991년 여름 金弼洙 교수의 소개로 大田 槐亭洞의 圓齋 선생 자택을 찾아 선생님을 처음 뵈었다. 아직도 그때 선생님의 淸雅하신 기품과 閒靖한 모습은 참으로 인상적이었고, 다시 잊을 수 없는 깊은 감명이었다. 이후로 2주일에 한 번씩 서울 종로 3가 소재의 외국어학원에 가서 易經을 수강하게 되었다. 당시 같이 가르침을 받은 사람은 20명이 채 되지 않았고, 또한 토요일 저녁과 일요일 아침에 강좌가 열렸기 때문에 모두 여유 있는 시간이 아니었다. 그러나 선생님은 한결같은 자세로 한 卦의 經文과 傳義를 풀

이해 나갔다. 한 글자의 字義와 文形을 두고 거듭 되새김하심으로
써 初學者들의 길잡이를 터놓아 주셨고 爻象의 應用을 적절하게
말씀하심으로 64괘의 흐름과 체계를 파악할 수 있었다. 본래 선생
님은 역학이 占書에서 비롯되었다고 스스로 말씀하셨다. 이 같은
선생님의 말씀을 본질적으로 이해하는 데는 수업이 상당 진행되는
과정에서 그 선명한 의도를 조금이나마 뒤늦게 알게 되었다. 이를
테면 본래 易은 知來에 관한 최고의 글이라고 하셨지만 卜筮에 대
한 말씀은 가급적 아꼈다는 사실이다. 本義보다 程傳에 더 큰 비
중과 의미를 두신 것도 이를 뒷받침하고 있다. 그 이상의 諸家 학
설을 토대로 하여 象數를 운위한다는 그 자체는 바로 喪志의 위험
이 있다는 것이 선생님의 뜻이었다.

그리고 선생님의 生平을 통해 많은 시간을 갖고 沈潛하며 깊이
穿鑿한 부분은 繫辭傳이라고 감히 말씀드릴 수 있다. 선생님께서
는 이 글을 읽으시고 그 編次에 대한 錯簡이 있었다는 것을 알게
되었다. 이 같은 사실은 일찍이 先儒들도 짐짓 알고 있었지만 金玉
처럼 여긴 經文을 차마 改修할 수 없었고, 또한 이러한 일은 오늘
날과 달리 社會·思想的 측면에서 여러 가지 문제의 素地가 있어
서 禁忌로 여겼던 것이다. 그런데 선생님께서 이에 대한 異義와
改編에 따른 연구를 거듭하셨는데, 이는 참으로 외로운 길이었고
시련이었다. 더구나 저는 서울에 올라가서 저녁 강의가 끝나고 旅
舍에 들어가면 선생님께서는 이에 대한 말씀으로 서울 밤이 깊은
줄도 몰랐다. 그 후에 다시 경수에 내려오셔서 계사전을 강의하실
때 선생님의 이러한 논지는 더욱 확고하셨고, 이를 이론적으로 정
리하고 계시었다. 저는 京鄕을 다니며 선생님의 따뜻한 가르침을

감명 깊게 받았지만, 이에 대해 보답하지 못하고 淺薄한 재주로 지금에 이르게 되었음을 송구하기 그지없다.

이번에 선생님께서 그동안 力著하신 原稿가 마침내 高聖勳 會長의 노력으로 세상에 나오게 됨을 참으로 다행으로 생각하오며, 아울러 저의 이 같은 拙稿를 서문에 揭載해 주심은 큰 광영으로 생각한다.

선생님의 건강을 축원하오며, 이를 계기로 하여 休復會의 발전이 있기를 거듭 빈다.

侍生 趙喆濟 삼가 씁니다.

序說
繫辭傳의 文章次序 改修에 대하여

　　"周易"은 儒教의 여러 經典 가운데 하나로서 오랫동안에 第一經으로 존숭되어 왔으며 '易經'이라고도 부른다. 吉凶을 점치는 占筮의 책인 동시에 우주론·인간론 등의 깊은 哲理를 포함한 古典이며, 道教와 佛教에서도 그 교리를 전하는 데 易의 논리를 이용하였고, 諸子百家의 사상과도 관련이 있어 가히 동양철학의 원천이라 말할 수 있을 것이다.

　　"周易"은 그 구성이 본문과 해설 두 부분으로 이루어져 있는데, 본문 부분을 '經'이라 하며 해설 부문은 '傳'이라 한다. 모두 10편으로 되어 있어 '十翼'이라고도 하며, 현재 통용하는 "周易"의 易傳(十翼) 가운데서 彖傳(上下篇), 象傳(上下篇), 文言傳은 본경에 딸려 있고, 나머지 繫辭傳(上下篇), 說卦傳, 序卦傳, 雜卦傳은 부록 형식으로 뒤에 붙어 있다.

　　이 易傳 가운데 繫辭傳은 전통적으로 孔子가 지으신 것으로 전승되어 왔으며, 이 계사전은 공자의 易經研究의 총결로서 그 내용이 易理를 논하며 易例를 밝히며 繫辭의 깊은 뜻을 설명하고 있어서 易經의 깊고 오묘한 內醞과 效用은 이 계사전을 통해서 비로소 세상에 밝히 드러났다고 할 수 있다.

　　본서의 編修者이신 圓齋 朴用載 先生은 平生 讀易하는 가운데 특히 계사전을 孔子의 저술로 확신하고 탐독하여 오신 분이다. 이 책 앞머리에 실린 圓齋 선생의 서문에 서술되어 있듯이 "평생에 餘暇日時에 매양 周易을 익히 보는 것으로 業을 삼더니 어느 때에 미치어서 계사전의 글이 문득 그 章次와 문맥이 서로 옳지 않음을 깨닫고 다시 잠심하여 탐색함에 그 文意를 얻음이 있었음"을 술회하고 있다. 그리하여 선생은 後學을 위하여 계사전의 分章 序次와 文章의 次序를 改修하여 孔子의 本旨를 바르게 알 수 있도록 할 것을 결단하고 퇴고를 거듭하여 편수하신 것이 이 "文章序次 改修 繫辭傳"이다.

　　이로써 계사전의 文脈이 순조롭고 체계적으로 편수되어 여기에 孔子易의 主旨가 밝게 드러나게 되었다. 후학들로서는 그분의 노고와 충정에 오로지 감사의 뜻을 표할 따름이다. 다음 글은 圓齋 선생의 "繫辭傳 文章次序의 改修에 대한 총체적 說明"을 본 "周易 繫辭傳 研究"의 序說로 삼아 소개하는 논문이다.

　　본 계사전의 연구에 있어서 먼저 생각해야 할 몇 가지 문제가 있다. 첫째로 孔子가 계사전을 지으시게 된 요인 곧 동기와 목적이 어디에 있는가 하는 점이다. 그 목적이 周易 本經의 이해를 돕기 위해서인가? 아니면 일종의 易 本經의 풀이(註解)인가? 둘째로 계사전의 문장이 각 章節의 첫 글(首文)마다 本經에서부터 발췌하여 온 것인가? 아니면 周易이라는 이름(名題) 아래 다만 머리글(首題

文)만을 易經에서 취하고 각 節은 문장상의 適宜한 대로 각 章 아래에 두었는가 하는 문제부터 검토해서 定義를 내려야 할 것이다.

편술자의 견해로서는 繫辭傳은 周易의 經文을 직접 풀이한 글이 아니라 그 理解를 돕기 위하여 쓰인 글이다. 이 계사전의 글은 각 章의 머리글이 그 의의를 본경에 두고, 그 글을 本으로 하여 그 문장이 이루어졌으므로 계사전의 글이 비록 易經의 理解를 돕는 글이지만 그 문장의 편저만은 '自成一書'(그 자체로 독립된 글)라고 단정을 내리고 보아야 할 것이다. 그러므로 계사전은 '自成一書'임을 알고서 보아야만이 그 文脈이 순조롭게 定立될 수 있다. 자세한 내용은 '본문편'에 설명이 되어 있거니와 이 글에서는 다만 繫辭傳의 문장차서의 개수를 행한 이유와 그 순서에 대해서 설명하려고 한다.

繫辭上傳

第一章(易經과 卦圖創案의 本原)

제1장 제1절은 본 改修篇에서는 "天尊地卑"에서부터 제1절의 끝 글(尾文) "天下之理得而成位乎其中矣"까지를 章으로 끊지 않고 節로써 끊었다. 그 이유는 이 章의 글이 아랫글에 "辭也者各指其所之"라고 한 데에 이르러서야 이 章의 끝을 맺었다고 보기 때문이다. 만약 그렇다면 이 글의 뜻이 달라진 면이 있을 터인데 과연 그럴 것인가? 그러하다.

이왕의 글로는 "易簡 天下之理得而成位乎其中矣"에서 그 뜻을 사람(人)이 天地의 가운데(中)에서 한낱 사람으로서 그 存在的 측면만 생각하였다. 그러나 필자로서는 이 제1절의 글을 '設卦'의 說과 연계하여 보게 됨으로 人이 天地人 三才之道 중의 一元이 되고 이로 인해서 周易의 글에 天地人 三極의 道로서 八卦와 六十四卦圖를 圖劃化할 수 있는 기본이 정립된다.

그러므로 다음 제2절 머리글에서 "聖人 設卦觀象 繫辭焉而明吉凶"이라는 글을 쓰게 되었을 것이다. 그리고 후속하는 글에 "剛柔相推 而生變化"라 하고 이 '變化'라는 글에 이어 "變化者 進退之

象也”라는 글이 있다. 이 글은 天道를 상징한 글이다. 이 ‘進退’의 뜻은 有氣的 次元에서 말한 것으로 곧 天道의 陰陽을 뜻한다. 다음에 “剛柔者 晝夜之象也”로 이어지는데 이 글은 地道를 상징한 것이다. 이 ‘剛柔’라는 뜻은 有形的 次元에서 말한 것으로 곧 南剛 北柔를 뜻한다.

다음으로 고찰해야 할 점은 ‘設卦’說에 관련된 것인데, 八卦圖에 그치지 않고 六十四卦圖를 本으로 하여 “六爻之動 三極之道”라고 하였다. 三極이란 무슨 뜻인가? 이는 天極과 地極과 人極(天下萬物 皆人也)을 이르는 말로서, 이 極이란 한 덩어리를 뜻함인데, 天에는 陰과 陽, 地에는 柔와 剛, 人에는 男과 女 등으로 분리되기 이전을 지칭한 것이다. 이 글에서 三極之道와 三才之道를 아울러 썼는바, 이 三極의 도는 바로 앞에서 설명한 것과 같고, 三才의 道라는 것은 孔子가 易을 卜筮學이 아니라 倫理學으로 보도록 쓰신 글이다. 그러므로 說卦傳에 “立天之道曰陰與陽 立地之道曰柔與剛 立人之道曰仁與義 兼三才而兩之 故六 六者 非他也 三才之道也” 하였다. 이 글에서 人을 男女로 한 것은 上繫 제1장에서 “乾道成男 坤道成女”라 한 것을 本으로 한 것이다.

앞의 글에 “六爻之動 三極之道也”라 한 글에 이어 “是故 易有太極 是生兩儀 兩儀生四象 四象生八卦 八卦定吉凶 吉凶生大業”이라 하였다. 그런데 여기의 이 太極 이하의 글은 그 글 자리가 이왕에는 제11장에 있던 것인데 본인은 文脈 序次上 통하도록 하기 위해 여기 改修篇의 제1상 제2설의 二段文으로 옮긴 것이다.

그리고 다음 후속하는 文으로서 이왕에 下繫 제11장에 있던 “八卦以象告 爻象以情言 剛柔雜居而吉凶 可見矣”라 한 글을 끌어올려 "八卦以象告"로서는 上文 "八卦定吉凶"과의 문맥을 잇고 또 아래로는 "象者言乎象者" 운운한 글과 이었다. 여기서 만약 "爻象以情言"이라 한 글을 下繫에서 이리로 올리지 않는다면 下文의 象者와 爻者라는 글이 本經으로부터 온 글로 보아야 한다. 그러나 그렇게 보면 본 繫辭傳이 '自成一書' 곧 체계적으로 독립된 하나의 책이 되지 못한다.

다음, "是故 吉凶者 失得之象" 운운한 글 중에 '失得'이라는 글도 前文의 "剛柔雜居"란 글로 인하여 생긴 글이다. 그리고 제1장 1, 2, 3절이 문맥으로는 일률적으로 通脈이 되지만 文勢상으로는 약간 다르기 때문에 節로 개수하였다. 제3절은 結語辭的 측면이 다분하다.

第二章(易의 位相과 能力)

이 제2장에서는 글의 順序를 바꾸거나 다른 데서 옮겨 온 글이 없으니 이왕에 보던 대로 보면 된다. 다만 이왕의 제4장과 제5장을 합하여 제1장 제3절로 章次를 개수하였으므로 이것만 참작하면 된다.

第三章(乾坤의 意義와 應用例)

이 제3장은 그 글됨이 이왕의 제6장과 제7장, 제8장의 의의를 합하고, 동시에 下繫의 제2장을 합하여 하나의 章으로 개수하였다.
본 장 제1절은 앞의 (改修篇) 제1장과 제2장을 本으로 하여 成文
이 되었다. 이 章의 제1절은 이왕의 문장과 그대로 같지만 이왕의
제6장과 제7장이 합하여져 있다.

본 장의 제2절에서는 이왕보다는 글이 많이 변하였으므로 잘 생
각해 보아야 한다. 우선 제2절의 머리글 "易有四象" 운운한 문단은
위 改修篇의 제1장 제2절 중 "八卦以象告"라는 글로 인해서 발생
한 문장이다. 그러므로 저 제1장에서 "易有太極 是生兩儀 兩儀生
四象"이라 한 四象과는 달리, 이 四象은 乾 老陽象과 坤 老陰象,
震坎艮 少陽象, 巽離兌 少陰象으로 이해함과 동시에 위의 머리글
"易有四象 所以示也 繫辭焉 所以告也 定之以吉凶 所以斷也"라는
글로 이어지게 하였다. 이 글은 이왕의 제11장에서 옮겨온 것이다.

다음 "是故夫象……"이라 한 글로부터 "聖人 有以見天下之賾"
운운한 글과 그 아래 "聖人 有以見天下之動" 운운한 글이 이어지
는데, 이 글 중에 이왕에는 맨 위의 '是故夫象'이라는 글자가 없이
그 아래 글만이 이 자리에 있었다. 그리고 "聖人 有以見天下之賾"
운운한 글과 "聖人 有以見天下之動" 운운한 글이 각각 분리되어
있었다. 이왕에는 제12장 끝머리 앞에 있었던 것인데, 본 개수 편
에서는 이 '易有四象'이라는 글의 脈을 따라서 여기 제3장 제2절
의 둘째 문단으로 옮겨온 것이다. 그리고 "聖人 有以見天下之賾"
운운한 글과 "聖人 有以見天下之動" 운운한 글이 重出되어 있으
므로 자세히 살펴보기 바란다. 그리고 "聖人 有以見大卜之賾" 운
운한 글과 "擬之而後言……"이라한 문단은 이왕에 이 자리에 있
었던 것이다. 여기까지를 제2절로 한 것이다.

다음 제3절의 머리글 "極天下之蹟者 存乎卦 鼓天下之動者 存乎辭"라 한 글은 이왕에는 저 아래 제12장의 끝머리 앞에 있었던 것을 여기로 옮겨서 앞의 글 "聖人 有以見天下之蹟 云云"한 글과 "聖人 有以見天下之動" 운운한 글에 文脈이 이어지도록 하고, 그 아래로 이왕의 下繫 제2장에 있던 "古者包犧氏之王天下也"라 한 머리글로부터 '始作八卦'의 說에 이은 十二卦의 卦說에 관한 문단들을 여기로 옮겨온 것이다. 이 十二卦는 본 제3절의 머리글 '存乎卦'라는 글을 本으로 하여 易 六十四卦 중에서 발췌한 것들이다. 여기 이 '取象, 取義, 求卦'의 說은 인간의 만 가지 世上事에 대하여 吉凶을 알아보고자 할 경우에 직접 '시초를 헤아려 卦를 구하는 일'(揲蓍求卦)을 하지 않고 人智로 事物을 觀察(直觀)하여 卦를 구하는 일(求卦)의 事例를 제시한 것이다. 이 '取象 取義 求卦例'의 이치를 깨달아 올바르게 활용한다면 聖人의 '易의 應用法'을 잘 얻는 것이 된다.

이 제3절 후반에 "鳴鶴在陰 其子和之" 운운한 글에서부터 끝머리에 "作易者其知盜乎" 운운한 문단까지의 모두 七爻에 이르는 爻辭의 설명은 易의 爻의 應用例로서 제시한 것이다. 易을 배우는 사람은 그 누구를 막론하고 孔子가 제시한 이 卦와 爻의 응용 예를 그대로 투철한 정신을 가지고 응용할 수만 있다면 그는 聖賢이라는 名聲을 얻을 수 있을 것이다. 다만 學易하는 사람으로서 과연 이러한 경지에 이를 수 있지 못함을 못내 한스럽게 여길 뿐이다.

第四章(宇宙自然攝理의 本原과 體用)

이 제4장의 首題는 '天地之數'이다. 그 數는 天一, 地二, 天三, 地四, 天五, 地六, 天七, 地八, 天九, 地十이다. 이 數에 대하여 朱子는 그의 '本義'에서 "此簡 本在十章之首 程子宜在此 今從之"라 하고, 다음 글 '天數五 地數五'라 한 데서도 "此簡 本在大衍之後 今按宜在此"라 하였다. 이 글 중에서 "此簡 本在十章之首"라 한 것은 그 本이 여기 글의 '天一, 地二'라는 문단의 머리글을 지적한 것이다. 이 글이 이왕에는 下文의 '參伍以變'이라는 글의 前前文에 있었으나, 본 改修篇에서는 古文과 같이 이 '天地之數'의 두 문단은 '參伍以變'이라 한 글 앞에 있어야 옳다고 생각한다. 그 이유는 다음 글 "參伍以變 錯綜其數 通其變 遂成天地之文 極其數 遂定天下之象"이라 한 문장이 앞글 '天地之數'로 인해서 서술되었다고 보기 때문이다.

그리고 이 '參伍以變' 문단의 끝머리에 "非天下之至變 其孰能與於此"에서부터 다음 "非天下之至神 其孰能與於此", "非天下之至精 其孰能與於此", "知以藏往 其孰能與於此"라 한 이 넷의 '與於此' 중의 순서는 어떻게 되는가 하는 점에 대해서 改修者로서는 그 순서를 變, 神, 精, 知以藏往으로 보고 그 순서를 정하였다. 그러다 보니 이 '參伍以變'이라는 글을 '天地之數' 다음 첫 번째로 하고, 그 다음을 '易无思也' 그 다음은 '是以君子將有爲也' 다음에 '是故 著之德 圓而神 云云'한 글로 이었는데 이 글은 이왕에는 제11장 둘째 문단이었으나 이리로 옮기었다. 그리고 다음으로 "子

曰 知變化之道者 其知神之所爲乎”로 이 제1절의 끝을 맺었다. 이 ‘神之所爲’라는 글이 이왕에는 제8장 끝에 있었던 것이다.

다음 제2절의 머리글은 “夫易 聖人之所以 極深而研幾也”, “唯深也故 能通天下之志” 운운으로 이어지는데, 이 글은 이왕에는 제10장 끝머리 앞에 있는 두 문단이던 것을 이리로 옮긴 것이다. 이어서 “是以明於天之道” 운운한 글은 이왕에는 제11장에 있던 글이며, 다음 “是故 天生神物 云云”한 글은 이왕에는 제11장 끝머리 앞에 있던 것을 이리로 옮기었다. 다음 “易有聖人之道四焉” 운운한 글이 이왕에는 제10장의 머리글이었는데 이리로 옮기고, 이어서 후속사로서 이왕에 제10장 끝머리에 있던 글 “子曰 易有聖人之道四焉者 此之謂也”로 이 제2절의 끝을 맺었다.

다음 제3절의 머리글은 “子曰 夫易 何爲者也 夫易 開物成務 冒天下之道 如斯而已者也” 운운으로 하였는데, 이 글은 이왕에는 제11장의 머리글이었다. 다음 후속사로서 “是故 闔戶 謂之坤” 운운 이하의 글로 하였으며, 다음에 이왕에 제12장 중에 있었던 글 “是故 形而上者 謂之道” 운운한 문단을 이리로 이었다. 다음으로 이왕에 제12장 끝에 있던 글 “化而裁之 存乎變” 운운한 글로 앞 글과의 문맥을 이었다. 다음은 이 제3절의 머리글 “冒天下之道 如斯而已者也”라는 글을 본으로 해서 “是故 法象 莫大乎天地” 운운한 글로 이 제4장의 끝을 맺었다. 이 “法象 莫大乎天地” 운운한 글은 이왕에는 제11장에 있던 글로서 그 끝머리에 “成天下之亹亹者 莫大乎蓍龜”로 되어 있다.

그리고 여기 이 제4장 제2절의 글 가운데에는 ‘大衍數’의 本인 河圖에 대하여 “河出圖 洛出書”라는 글이 있으며, 위의 “莫大乎

蓍龜”라 하는 蓍龜와 河圖라는 글을 배경으로 하여서 다음의 제5 장 大衍數章이 있게 되었다고 보았다. 그러므로 본서에서는 大衍 數章을 繫辭上傳의 마지막 章으로 개수하였다.

第五章(大衍數 및 神人의 通念)

제5장은 大衍數章이다. 제1절 머리글에 "大衍之數五十 其用 四十有九 云云"한 글 중의 '大衍之數 五十'이라 함은 河圖의 數에서 중앙의 수 五와 十을 취하여 이 數를 五十으로 확대한 데에 기인한다. 곧 小數를 大數로 늘렸으므로 大衍이라 한 것이며, 또한 卜筮에서 五數와 十數를 用數로함은 이 수가 五는 陽土이며 十은 陰土이며, 土德은 信에 속하는 것이다. 그러기에 卜筮에서 信을 가진 五와 十을 用으로 하는 것은 信念을 本으로 하는 데 뜻이 있다.

'大衍之數 五十'이라 함은 또한 卜筮用 算策(산가지)數를 지칭하는 것인데, 이 산가지 五十은 그 재료가 蓍草(시초)라는 풀대궁(藁屬類)이며, 시초라는 풀이 잘 자라면 한 포기에 약 百巠이 올라온다고 한다. 이 蓍草는 神과의 관계가 있는 풀로서 일명 神草라고도 한다. 그리고 蓍草(시초)라는 풀은 어느 지역 한곳에 항상 나는 것이 아니라 예를 들면 작년에는 나왔는데 금년에는 나지 않기도 하며, 시초라는 풀 밑에는 거북이가 있다는 전설도 있다. 그리고 이 大衍數의 用을 蓍策으로 한 것은 앞의 제4장 끝머리 글에 "成天下之亹亹者莫大乎蓍龜"라 한 '蓍龜'에 연유한 것이다. 이 大衍數章은 이왕에는 제9장에 있었던 것을 본 개수 편에서는 제5장으로 편수하였다.

　다음 제2절의 "顯道 神德行 是故 可與酬酢 可與祐神矣"이라 한 글은 이왕의 大衍數장에 있는 글이며, 그 후속문으로 "易曰 自天祐之 吉无不利 子曰 祐者助也 天之所助者順也 人之所助者信也 履信思乎順 又以尙賢也 是以自天祐之吉无不利也"라 한 글로 이었는데 이 글은 이왕에는 제12장의 머리글이었으나 본 改修篇에서는 제5장을 마무리하는 末尾辭格으로 이곳으로 옮겨 편수한 것이다.

　다음, 제3절의 글 "子曰 書不盡言 言不盡意 然則聖人之意 其不可見乎 子曰 聖人立象 以盡意 設卦 以盡情僞 繫辭焉 以盡其言 變而通之 以盡利 鼓之舞之 以盡神"하니라 한 이 문단은 이왕에는 제12장의 머리글이었는데, 이 改修篇에서는 이 글을 繫辭上傳의 총 結語辭로 삼아 본 장의 끝마무리로 편수한 것이다.

繫辭下傳

第一章(易의 內面的 體系)

　본 제1장 제1절의 머리글인 "乾坤 其易之縕耶" 운운한 데에서부터 "易 不可見則 乾坤 或幾乎息矣"라 한 문단까지는 본래 上繫 제12장에 있었던 것이다. 그리고 이 글의 아래에 이어서 "八卦成列 象在其中" 운운한 문단은 이왕의 下繫 제1장 머리글이었으나 어디로부터 온 데가 없이 돌연적이다. 그러므로 이글의 문맥을 맞추기 위해서 이 改修篇에서는 "乾坤은 其易之縕耶" 운운한 문단을 본 장의 머리글로 함과 동시에 "八卦成列"을 이어서 제1절로 삼은 것이다. 그리고 이 장의 머리글 "乾坤 其易之縕耶" 云云한 글은 아래 제3장의 머리글인 "乾坤 其易之門耶" 운운한 글과 표리적인 관계가 있는 것이다.

　上繫의 문장을 볼 때에 제4장의 "天地之數"와 제5장의 "大衍數" 장을 제외하고는 반드시 그 머리글이 '易' 자와 '乾坤' 자로 本을 심은 것이 문장의 내체적인 예이다. 이렇게 볼 때 下繫 제1장의 머리글은 반드시 乾坤으로 시작되어야만 成文이 된다. 그리고 下繫의 글은 대체로 간단함으로 각 절의 설명은 적당히 쓰기로 한다.

제1장(제3절)의 결어사로서 "天地之大德 曰生" 운운한 글로 마
감하였는데, 이 글은 이왕에는 제1장 가운데 있었던 것인데 여기에
있게 된 것은 이 글 앞의 "天下之動 貞夫一者也"라 한 글을 배경
으로 한 것이기 때문이다. 이 "天下之動"이라 한 글은 인간의 활
동을 뜻하는 것이므로 이 점 심사숙고하기 바란다.

第二章(易簡과 爻象의 應用例)

이 제2장 제1절의 머리글은 "夫乾 確然示人易矣, 夫坤 隤然示
人簡矣"라 한 글로 하였는데 이글은 이왕에는 제1장의 일곱 번째
의 문단에 있던 글이다. 이어서 "爻也者 效此者也 象也者 像此者
也"라 한 글을 이어 넣고 다음 글에 "是故 易者 象也 象也者 像
也"라로 제1절을 마감하였다. 그런데 이 '象也者 像也'라 한 글은
이왕에는 제3장의 머리글이었다.

제2절은 이왕에 앞의 글과 이어져 있는 그대로 "彖者 材也 爻也者
效天下之動者也 是故吉凶生 而悔吝著也"니라로서 제2절을 삼았다.

제3절의 머리글 "爻象 動乎內" 운운한 문단은 이왕에는 제1장
끝머리의 앞글이었는데 이곳으로 옮기어 本節의 首題文으로 삼고,
이 글의 文脈에 맞추어 이왕에 제5장에 있는 총 十一爻의 辭說로
서 본 장을 마감하였다. 이 글 역시 上繫에서와 같이 孔子가 易
爻辭의 應用例로서 제시한 글이다.

第三章(易의 外的 側面과 三陳九卦)

이 제3장(제1절)의 머리글은 이왕에 제6장의 머리글이었던 "乾坤 其易之門耶 乾陽物也 坤陰物也 陰陽合德 而剛柔有體" 운운한 것을 이리로 옮기어 머리글로 삼고, 이어서 이왕에 제4장에 있던 글 "陽卦 多陰 陰卦 多陽 其故何也" 운운한 문단을 이곳으로 옮기어 문맥을 순조롭도록 하였다.

제2절은 이왕에 제6장에 있었고 앞글에 이어 있던 "夫易 彰往而 察來" 운운한 글과 그 다음 문단에 이어져 있던 글을 그대로 이어서 제2절을 맺고, 제3절은 이왕의 제7장에 있던 문단을 그대로 이어서 "易之興也"에서부터 '三陳九卦'說을 전부 실어 이 제3장을 마감하였다.

第四章(易의 效用)

이 제4장의 머리글은 "夫乾 天下之至健也" 운운하는 글이며 동시에 제1절로 삼았다. 이 문단은 이왕에는 제12장 첫머리에 있었던 것이다.

다음 제2절은 이왕에 제12장에 이어 있던 글 "能說諸心 能研諸 侯之慮" 운운한 글이 있으나 앞의 문단과 文脈上 너무나 돌연적으로 되어 있어서 심사숙고해 보니 이는 분명코 글이 한 줄 빠졌다고 볼 수밖에 없었다. 그리하여 본서 문장차서의 개수자로서는 大罪를 무릅쓰고 다음과 같이 글 한 줄을 지어 넣게 되었다.

이것이 {曰夫易 變化无常矣이라 唯賢人이어야 以身體之하야 而能行其道하나니 是以로 文王이 能說諸心} 운운한 글이다. 이로써 제2절을 마감하고, 다음 이왕에 제11장에 있던 문단 "易之興也 其當殷之末世 周之盛德耶" 운운한 글을 이리로 옮기어 이로써 제4장(제3절)의 문단을 마감하였다.

第五章(三段階로 說한 易之爲書)

본 장 제1절의 머리글은 "易之爲書也 廣大悉備 有天道焉 有人道焉 有地道焉" 운운하는 글로 되어 있다. 이 장에는 특히 '易之爲書也'라는 글이 세 번이나 거듭되어 있다. 이 문단들은 이왕에는 제8장, 제9장, 제10장에 있었던 글들이다. 이 改修篇에서는 이 문단들을 전부 합하여 본 장의 제1절, 제2절, 제3절로 편수하였다.

제2절의 머리글은 "易之爲書也 原始要終" 운운하였으며, 제3절 머리글은 "易之爲書也 不可遠" 운운으로 하였다. 그런데 이 글들은 이왕의 次序에서는 그 순서가 이 改修篇과는 정반대로 되어 있었다. 본 개수자로서는 이 '易之爲書也'라는 글이 세 번이나 複書된 것 가운데 과연 어느 것이 먼저이고 어느 것이 뒤인가 하는 차서를 심사숙고하고서 이 제5장의 순서와 같이 개수한 것이다.

이왕의 글의 순서를 살펴보면, 그 제8장의 '易之爲書也'의 후속하는 문단의 끝에는 "初率其辭而揆其方 旣有典常 苟非其人 道不虛行"이라 하였고, 제9장의 '易之爲書也'의 후속문 가운데에는 "若夫雜物 撰德 辨是與非 則非其中爻 不備"라 하였고, 제10장의 '易之爲書也'의 후속문에는 "道有變動 故曰爻 爻有等 故曰物 物相雜 故曰文 文不當 故吉凶 生焉"이라 하였다. 그러나 이러한 '易之爲書也'와 같은 세 번이나 거듭된 글들의 先後 또는 始終을 살펴보면 아무래도 이왕의 순서를 이 改修篇대로 문장차서를 개편해야 그 문맥이 옳게 살아난다고 생각한다. 후학들의 심사숙고를 요망하는 바이다.

(序說(끝))

本文篇

새로운 周易 繫辭傳 硏究

繫辭傳은 전통적으로 孔子가 지으신 것으로 전승되어 왔다. 이 계사전은 공자의 易經硏究의 총결로서 그 내용은 易理와 易例를 밝히며 繫辭의 깊은 뜻을 설명하고 있다. 계사전 연구에 있어서 먼저 생각해야 할 문제는 孔子가 계사전을 지으시게 된 동기와 목적이 어디에 있는가 하는 점이다. 계사전은 周易의 經文을 직접 풀이한 글이 아니라 그 理解를 돕기 위하여 쓰인 글이다. 이 계사전의 글은 각 章의 머리글(首文)만이 그 의의를 본경에 두고, 그 글을 本으로 하여 문장이 이루어져 있으므로 계사전의 글이 비록 易經의 理解를 돕는 글이지만 그 문장의 편제만은 '自成一書'(그 자체로 독립된 글)이라고 단정을 내려야 할 것이다. 따라서 계사전은 '自成一書'임을 알고서 보아야만이 그 文脈이 순조롭게 定立될 수 있다.

繫辭上傳

第一章 易經과 卦圖創案의 本原

第一章은 易經과 卦圖創案의 本原에 대해서 논술하고 있다. 본 改修篇 제1장 제1절에서는 머리글인 "天尊地卑"에서부터 제1절의 끝 글 "天下之理得而成位乎其中矣"까지를 章으로 끊지 않고 節로써 끊었다. 그 이유는 이 章의 글이 아래(제3절)에 "辭也者各指其所之"라고 한 데에 이르러서야 본 章의 끝을 맺었다고 보기 때문이다.

이왕에 "易簡이 天下之理得矣니……而成位乎其中矣니라" 한 글에 있어서 그 뜻이 人(사람)이 天地 가운데(中)에서 한낱 사람으로서 그 存在的 측면만 보는 것이었으나 필자로서는 이 제1절의 글을 다음의 '設卦'의 說(이론)과 연계하여 보게 됨으로 人이 天地人 三才之道 중의 一元이 되며, 이로 인해서 周易의 글이 天地人 三極의 道로서 八卦와 六十四卦를 도획화(圖劃化)할 수 있는 基本이 정립된다고 본 것이다.

그래서 다음 제2절 머리글에서는 "聖人이 設卦하야 觀象繫辭焉하야 而明吉凶이라"는 글을 쓰게 되었을 것이다. 그리고 후속하는 글에 "剛柔相推하야 而生變化"라 쓰고 이 '變化'라는 글에 이어 "變化者는 進退之象也"라는 글이 기록되어 있다. 이 글은 天道를 상징하여 쓴 글이며, 다음에 "剛柔者는 晝夜之象也"로 이어지는데 이 글은 地道를 상징하여 쓴 것이다.

다음으로 고찰해야 할 점은 '設卦' 說에 관련된 것인데, 八卦圖에 그치지 않고 六十四卦圖를 本으로 하여 "六爻之動은 三極之道"라고 한 것이다. 三極이란 무슨 뜻인가? 이는 天極과 地極과 人極을 이르는 말로서(天下萬物이 皆人也), 이 極이란 한 덩어리를 뜻함인데, 天에서는 陰과 陽, 地에서는 柔와 剛, 人에서는 男과 女 등으로 분리되기 이전을 지칭한 것이다. 이 글에서 三極之道와 三才之道를 아울러 썼는바, 이 三極의 도는 앞의 '序說'에서 자세히 설명한 바와 같으며 三才의 道는 孔子께서 易을 卜筮學이 아니라 倫理學으로 보도록 하신 데서 쓴 글이다.

앞의 글에 "六爻之動은 三極之道也"라 한 데에 이어 "是故로 易有太極하니 是生兩儀하고 兩儀生四象하고 四象이 生八卦하고 八卦 定吉凶하고 吉凶이 生大業이라."로 하였다. 여기 이 太極 이하의 글은 (그 글이 자리하기를) 이왕에는 11장에 있던 것인데 본인은 文脈이 次序上 통하도록 하기 위해 여기 개수편의 제1장 제2절로 옮긴 것이다.

다음 후속하는 글로서 이왕에 下繫 제11장에 있던 "八卦는 以象告하고 爻象은 以情言하니 剛柔雜居而吉凶을 可見矣라" 한 글을 여기로 끌어올려 "八卦 以象告"로서는 上文 "八卦 定吉凶"과의 문맥을 잇고 또 아래로는 "象者言乎象者" 운운한 글과 이었다. 다음, "是故로 吉凶者는 失得之象" 운운한 글 중에 '失得'이라는 글도 前文의 "剛柔雜居"란 글로 인하여 생긴 글이다. 그리고 이 제1 장의 1, 2, 3절이 문맥으로는 일률적으로 通脈이 되지만 文勢상으로는 약간 다르기 때문에 節로 만들어졌다. 제3절은 結語辭로서의 측면이 다분하다.

第一節 易書와 卦圖創案의 本原

天尊地卑하니 乾坤이 定矣요 卑高以陳하니 貴賤이 位矣요 動靜有常하니 剛柔斷矣요 方以類聚하며 物以羣分하니 吉凶이 生矣요 在天成象하고 在地成形하니 變化見矣라

하늘은 높고 땅은 낮으니 건(乾)과 곤(坤)이 정하여진 것이요, 낮음과 높음이 벌려져 있으니 귀하고 천한 자리(位)가 있는 것이요, 움직임과 고요함에 항상 됨이 있으니 강(剛)함과 유(柔)함이 판가름된다. 일은 부류를 따라 모이고 만물은 무리에 따라 나누어지나니, 길함과 흉함이 저절로 생겨나고, 하늘에 있어서는 상(象)을 이루고 땅에 있어서는 모양(形)이 이루어지나니 여기에 변화가 나타나느니라.

이 문단은 계사전 전편(全篇)의 머리글(首題文)이다. 이 제1절의 대체적인 의의는 천지인(天地人) 삼재(三才)의 도(道)를 확립하려는 데에 있다.

"하늘은 높고 땅은 낮으니"(天尊地卑)의 천(天)과 지(地)는 곧 우리가 바라보는 면전(面前)의 상천(上天)과 하지(下地)를 말한 것이

다. "건곤이 정하여지다"(乾坤定矣)의 건(乾)과 곤(坤)은 하늘(天)과 땅(地)의 덕성(德性)의 대명사(代名詞)이며 또한 이 글은 천지자연(天地自然)이 본래 지니고 있는 이치(理致)를 밝히기 위한 명제사(命題辭)로 쓴 글이다. 이러므로 이 계사전 중의 '乾坤' 두 자는 모두 다 이 '乾坤定矣'라는 뜻을 바탕(本)으로 전개된 것이다. 그리고 이 머리글은 천하 만물의 生態의 실재적 상황과 만물이 化生하는 현상에 진리가 있음을 가르쳐 보이고 있다. 이 글은 본 계사전이 있게 된 要意를 밝힘과 아울러 이 책의 書頭辭로 쓴 글이다.

"낮음과 높음이 벌려져 있으니 귀하고 천한 자리(位)가 있는 것이요(卑高以陳하니 貴賤이 位矣라), 움직임과 고요함에 항상 됨이 있으니 강(剛)함과 유(柔)함이 판가름된다(動靜有常하니 剛柔斷矣요). 일은 부류를 따라 모이고 만물은 무리에 따라 나누어지나니, 길함과 흉함이 저절로 생겨난다(方以類聚하고 物以羣分하니 吉凶이 生矣라)."

이 글은 세간(世間)에 유동하는 사정을 상황 그대로 밝힌 것이다. "動靜有常 剛柔斷矣"에서 음양(陰陽)이라 하지 아니하고 강유(剛柔)라고 한 것은 음양이 태극(太極)에 비하면 형이하적(形而下)이라 하겠으나 그 실은 형이상적(形而上)으로 보았기 때문이다. 정자(程子)도 "태극자(太極者) 도야(道也)오 양의자(兩儀者) 음양야(陰陽也)라. 음양은 일도야(陰陽一道也)"라 하였다. 이러므로 도(道)는 무형(無形), 무색(無色), 무성(無聲), 무취(無臭)한 것이다.

그리고 형이하의 기(氣)를 설명하기 위하여 강유설(剛柔說)을 써야 하고 강유설을 써야만이 그에 따라서 다음 글의 "강유상마(剛柔相摩)"라는 기(氣)의 용사설(用事說 또는 作用說)을 쓸 수 있다. 다음 글의 "팔괘상탕(八卦相盪)"도 역시 기(氣)의 작용설(作用說)이다.

"하늘에 있어서는 상(象)을 이루고 땅에 있어서는 모양(形)이 이루어지나니 여기에서 변화가 나타난다." 재천성상(在天成象)하고 재지성형(在地成形)하니 변화현의(變化見矣)라)

이 글은 하늘에 있어서는 일월성신(日月星辰)이 상(象)을 이루고 땅에 있어서는 수화토석(水火土石)이 형(形)을 이룬다는 것을 뜻한다. 이 상(象)과 형(形)의 뜻을 좀 더 상세히 밝히면, 사람에 비유하여서는 아버지의 정(精)으로 인하여 골상(骨象)이 이루어지고 어머니의 혈(血)로 인하여 형체(形體)를 이룸과 같은 것이다. 또한 천하의 동물류(動物類)는 모두 다 이와 유사한 것이다. "변화가 나타난다(變化見矣)."라 함은 바로 다음의 글에서 그 현황의 일부를 나타내고 있다.

是故로　剛柔相摩하며　八卦相盪하야　鼓之以雷霆하고　潤之以風雨하며　日月이　運行하야　一寒一暑로다.

이러므로 강함과 유함이 서로 접하며, 팔괘(八卦)가 서로 재능을 도움하야 만물의 본원을 진작시키되 우레와 그 번개로써 하고, 만물을 윤택하게 하되 바람과 비로써 하며, 해와 달이 운행하여 한 차례 추워지고 한 차례 더워진다.

乾道成男하고　坤道成女하며　乾知大始요　坤作成物이라.

건(乾)의 도는 남성을 이루고 곤(坤)의 도는 여성을 이루며, 건은 모든 위대한 시작을 맡고 곤은 만물을 완성시킨다.

　"강함과 유함이 서로 접하며"(剛柔相摩)는 부부(夫婦)의 교합(交合)과 같으며, "팔괘가 서로 재능을 도우니(八卦相盪)"의 팔괘는 '팔괘(八挂)'와 통한다. 여기에 괘(卦) 자를 '挂(걸 괘, 매달릴 괘) 자'로 해석하는 이유는 바로 이어서 쓴 글에 "만물의 본원을 진작시키되 우레와 그 번개로써 하고, 만물을 윤택하게 하되 바람과 비로써 하며, 해와 달이 운행하여 한 차례 추워지고 한 차례 더워진다."(鼓之以雷[震卦]霆[離卦]하며 潤[兌卦]之以風[巽卦]雨[坎卦]하며 日[乾卦]月[坤卦]이 運行하여 一寒一暑[艮卦]하니라.) 한 문장이 곧 팔괘(八卦)의 재덕(才德)의 작용을 뜻하는 것이다. 그리고 이 팔괘에 그것이 우주공간에서 작용하는 뜻이 있기 때문에 이 괘 자(卦 字)를 매달릴 괘(挂)로 해석하는 것이다. 위의 '마(摩)'와 '탕(盪)'이라 함은 곧 기(氣)의 작용을 뜻한다.

　팔괘(八卦)인 건(乾), 곤(坤), 리(離), 감(坎), 진(震), 손(巽), 간(艮), 태(兌)에는 '부(父)모(母), 중녀(中女), 중남(中男), 장남(長男), 장녀(長女), 소남(少男), 소녀(少女)'라는 괘상(卦象)과 또는 '건(健), 순(順), 려(麗), 함(陷), 동(動), 입(入), 지(止), 열(說)'이라는 덕성(德性)이 있고 또 이 뒷면(裏面)에는 괘재(卦才)와 괘덕(卦德)이 있다.

　그러므로 음양(陰陽)의 강유(剛柔)와 팔괘의 재기(才氣)가 작용하게 되면 이로 인하여 바로 우주자연의 변화가 일어나게 되고 천지의 가운데는 이일분수(理一分殊)되는 그 이치(理)로 인하여 천태만상(千態萬象)이 생기는 것이다. 그리고 그중에서 제반 동식물이 자연히 생겨난다. 이런 상황에서 만물 중에 최영장물(最靈長物)인 사람이 존재하게 되므로 이 같은 의미를 논리적으로 표출하여 "강유상마 팔괘상탕(剛柔相摩 八卦相盪)"이라는 글을 쓰게 된 것이다.

후속하는 글(後續文)에서부터는 천지조화(天地造化)의 운동상황과 사람에 관한 설명을 부치고 있다. 본 절의 의미가 이런 줄을 알고 아울러 보면 이해가 쉬울 것이다.

"고지이뇌정(鼓之以雷霆)"의 '고(鼓)' 자는 북 '고' 자로 보지 말고 고동(鼓動)할 '고' 자로 볼 것이다. 이 글은 다음에 생물(生物)에 관한 설명 곧 '성남성녀(成男成女)'를 쓰기 위한 전주사(前奏辭)가 된다. 천하의 만물을 움직이게 하되 뇌정(雷霆)으로써 하며 천하의 만물을 윤택(潤澤)하게 하되 풍우(風雨)로써 하며 해(日)와 달(月)이 운행하는 가운데 일장일단(一長一短)에 따라 연중 한때는 춥고 한때는 덥게 되는바, 이 중에서 일한일서(一寒一暑)하는 시절변화에 매듭을 짓는 것이 시지즉지(時止則止)하고 시행즉행(時行則行)하는 [艮의] 재덕(才德)의 작용인 것이다.

건(乾)과 곤(坤)이 체(體)가 되고 그 나머지 진, 리, 태, 손, 감, 간(震, 離, 兌, 巽, 坎, 艮)이 용사(用事)의 전위대가 된 것이 바로 '팔괘상탕(八卦相盪)'인 것이다. 이 글에서 용사(작용)라 함은 '산택통기(山澤通氣)'와 '뇌풍상박(雷風相薄)'과 '수화불상석(水火不相射)' 함을 뜻한다.

그리고 이 글에서 설명한 바와 같이 우주 자연의 변화에 따라 [우주공간에는] 만물을 화생(化生)하게 하는 원리가 있고 이 원리(道)에 의하여 만물이 생장수장(生長收藏)하게 되며, 이 생장수장하는 도에 의하여 만물이 삶을 얻고 죽음을 마주하게(得生當死) 된다. 이 중에서 사람(人間)이 만물의 영장이 되었음으로 다음 글에서는 인간의 남녀를 말하고 있다.

"건(乾)의 도(원리)는 남성을 이루고 곤(坤)의 도는 여성을 이루며, 건은 모든 위대한 시작을 맡고 곤은 만물의 완성을 짓는다."(건도성남(乾道成男)하고 곤도성녀(坤道成女)하니 건지대시(乾知大始)요 곤작성물(坤作成物)이라.) 여기서 건도(乾道)와 곤도(坤道)라 함은 곧 음양(陰陽)의 도(원리)를 말함인데 여기 건곤(乾坤)의 도(道)로 대칭(對稱)함은 역(易)은 천지로 더불어 비기다(易與天地準이라) 하였기 때문이며, 그 내용이 역리(易理)를 본원으로 하여 글이 이루어졌기 때문이다. "건지대시(乾知大始)"의 '지(知)'는 '주관한다(猶主)'의 뜻인데 '유(猶)'는 '같다(似)'라는 뜻이다. '주(主)'는 곧 주관(主管, 맡음)과 같다. '대(大)'는 '개(皆, 모두)의 뜻이다. '개(皆)'는 함(咸, 다함)이며, '함(咸)'은 통괄의 뜻이다. '시(始)'는 생물의 시작을 말한다. "곤작성물(坤作成物)"의 '작(作)'은 성취를 뜻하며, '성(成)'은 완성을 뜻한다.

乾以易知요 坤以簡能이니 易則易知요 簡則易從이며 易知則有親이요 易從則有功이며 有親則可久요 有功則可大며 可久則賢人之德이요 可大則賢人之業이라. 易簡而天下之理得矣니 天下之理得 而成位乎其中矣니라.

건(乾)은 일의 시작을 어렵지 않게 주관하며 곤(坤)은 모든 일을 성실히 가려서 처리하나니, 일에 어려움이 없으면 주관히기가 쉽고, 성심으로 가려서 처리하면 따르기가 쉬우며, 쉽게 다스리면 친함이 있는 것이요, 쉽게 따르면 공(功)이 있는 것이며, 친함이 있은즉 오래갈 수 있는 것이요, 공이 있은즉 크게 되는 것이며, 오래갈 수 있음은, 즉 현인의 덕(德)이요, 크게 됨은 곧 현인의 사업이다. 쉽고 간요(簡要)로서 능히 천하의 이법(理法)을 얻으니, 천하의 이법을 얻음으로써 이에 자리를 그 가운데 이루나니라.

"건(乾)은 일의 시작을 어렵지 않게 주관하며 곤(坤)은 모든 일을 성실히 가려서 처리하나니라(乾以易知요, 坤以簡能이라)." 이 글에서 '이지(易知)'는 치사불난(治事不難, 일을 맡아 처리함에 어려움이 없다)의 뜻이며, '간능(簡能)'의 '簡'은 選(가릴 선), 擇(고를 택), 揀(가려 뽑을 간)의 뜻이 있는데 곧 '간능(簡能)'은 성간(誠揀 성실히 가려 뽑음)의 뜻이 있다. 건(乾)은 만물의 시생(始生)을 모두 주관(主管)하며 통괄(統括)하고, 곤(坤)은 만물의 완성을 성취 또는 진취(進就)시키는 것이다. 그리고 건(乾)은 용이함(易)으로 주관하고 곤(坤)은 정성으로써 선하게 잘해내는 것이다.

이 글 중의 이(易)와 간(簡)이라는 의미는 무엇인가? 이것은 건(乾, 하늘)과 곤(坤, 땅)의 재능을 인간의 능력으로 바꾸는 데에 요체(要諦)가 있는 것이다[人이 效天 法地라]. 이 쉽다, 정성스럽다 함은 천지의 도(道)에는 응용되는 말이 아니라 사람에게 적용되는 것이다. 따라서 이 글의 후속문(後續文)에서 인도(人道)에 관한 설명이 있게 되는 것이다.

"일에 어려움이 없으니 주관하기 쉽고, 성심으로 가려서 처리하니 쉽게 따를 수 있다(易則易知요, 簡則易從이라)." 함에 대해서 설명을 더한다면, '이즉이지(易則易知)'라 함은 일을 처리함에 어려움이 없다(治事不難)는 뜻이며, 어렵지 않게 주관한다(不難主管)는 뜻이다. '간즉이종(簡則易從)'이라 함은 성실히 가려 뽑음(誠揀)으로써 따르기 쉽게(易從) 된다는 뜻이다.

"쉽게 다스리니 친함이 있는 것이요, 쉽게 따르니 공(功)이 있는 것이다. 친할 수 있은즉 오래갈 수 있는 것이요, 공이 있은즉 크게 되는 것이다. 오래갈 수 있음은 곧 현인의 덕이요, 크게 됨은 곧 현인의 사업이다(易知則有親이요, 易從則有功이며, 有親則可久요, 有功則可大며 可久則賢人之德이요, 可大則賢人之業이니라)." 이 문단은 설명이 더 필요하지 않다.

"쉽고 간요함으로 능히 천하(天下)의 이법(理法)을 얻으니, 천하의 이법을 얻으면 올바른 자리가 그 천하 가운데서 이루어진다(易簡而天下之理得矣니 天下之理得 而成位乎其中矣니라)." 사람이 이간(易簡)이라는 도(道)를 시종(始終) 잘 본받으면(效則) 그 공(功)이 현인(賢人)의 업적에 이르게 된다. 이와 같이 사람(人)이 천지(天地)의 중심(中心)으로서 개체적인 위상(位相)을 가지게 되면 따라서 천지의 화육(化育)하는 일에 동참하는(參贊化育) 공(功)을 이루게 된다.

이상 제1장 제1절의 대의는 첫 머리글을 제외하고는 삼극(三極)의 도(道)[곧 天地人 三才의 道]를 정립하는 데에 그 주제가 있다. 배우는 이들은 이 글을 잘 음미하기 바란다.

第二節 伏羲八卦의 作圖說과 應用例

聖人이 設卦하야 觀象繫辭焉하야 而明吉凶하며, 剛柔相推하야

而生變化하니 變化者는 進退之象也오, 剛柔者는 晝夜之象也오,
六爻之動은 三極之道也니라.

　성인(聖人)이 괘(卦)를 베풀어서 상(象)을 살펴보고 말씀(辭)을 달아서 길(吉)하고 흉(凶)한 일을 밝히었다. 강(剛)하고 유(柔)한 기(氣)가 서로 밀쳐서 변화가 일어난다. 변화라는 것은 나아가고 물러남의 상(象)이다. 강함과 유함이란 낮과 밤의 상(象)이다. 육효(六爻)가 변동함은 삼극(三極)[天地人]의 도(道)이다.

　是故로 易有太極하니 是生兩儀하고 兩儀生四象하고 四象이 生八卦하니, 八卦로 定吉凶하고 吉凶이 生大業이라. 八卦는 以象告하고 爻象은 以情言하니 剛柔雜居而吉凶을 可見矣라.

　이러므로 역(易)에는 태극(太極)이 있으니, 이것이 양의(兩儀)를 낳고 양의는 사상(四象)을 낳으며 사상은 팔괘(八卦)를 낳고, 팔괘는 길함과 흉함을 정하며 길흉은 큰 사업을 낳는다.
　팔괘는 상(象)으로 알려주고 효사(爻辭)와 단사(彖辭)는 실상(實情)을 말한다. 강함과 유함이 섞여 있음으로 해서 길흉을 알아볼 수 있다.

　是故로 吉凶者는 失得之象也오, 悔吝者는 憂虞之象也오,

　이러므로 길하고 흉한 것은 얻음과 잃음의 상(象)이요, 뉘우치고 한탄하는 것은 근심과 걱정의 상이다.

是故로 君子 所居而安者는 易之序也오, 所樂而玩者는 爻之辭
也니라.

이러므로 군자가 집에 있어서 안착된 마음으로 살펴야 할 바는
역(易)의 차례요, 즐겨서 익혀야 할 바는 여러 효의 사(爻辭)이다.

是故로 君子 居則觀其象 而玩其辭하고 動則觀其變 而玩其占
하나니 是以로 自天祐之하야 吉无不利니라.

이러므로 군자가 안거(安居)한 때인즉 그 상(象)을 살펴보아서 그
글(辭)을 음미하여 보며, 움직일 때인즉 그 변화를 살펴보고 그 점
(占)의 길흉을 익숙히 알아보나니 이럼으로써 하늘로부터 도움이
있어 길하고 이롭지 않음이 없는 것이다.

"성인이 괘를 베풀어서 상(象)을 살펴보고 말씀(辭)을 달아서 길
하고 흉한 일을 밝히었다."(聖人이 設卦하여 觀象繫辭焉하여 而明
吉凶하다).

이 글은 본 제2절의 머리글(首題文)에 해당한다. 여기서 '성인'이
라 함은 공자 이전의 선성(先聖)들을 이름이고, '설괘(設卦)'라 함
은 과거 '성인'이 괘(八卦)를 지었다는 설명과 함께, 앞으로 設卦에
관한 설명을 하기 위하여 이끄는 말(緖言)도 된다. 다음 '관상(觀
象)'이라 함은 이미 설괘한 괘상을 관찰하는 것이며, '계사(繫辭)'
라 함은 주역 육십사괘에 卦辭와 爻辭를 달았다는 것을 말한다.

'길함과 흉함을 밝히었다'(而明吉凶) 함은 계사에 씌어져 있는

글들이 그 괘의 길흉을 밝혀 놓은 것을 말한다. 그러므로 이 설괘·관상·계사·명길흉이라 하는 네 구절(四句)은 본 절의 머리글(緖頭辭)로 알고 읽으면 그 뜻이 명확해질 것이다.

"강하고 유한 기가 서로 밀쳐서 변화가 일어난다."(剛柔相推하여 而生變化하니) 여기 '강유상추(剛柔相推)'라는 글은 음양의 기(氣)의 작용을 설명하는 것이며, 음양의 기가 용사(用事)를 하면 이에서 변화가 저절로 생기게 마련이다. 그러면 이 변화라 함은 무엇을 뜻함인가. 다음을 보자.

"변화라는 것은 나아가고 물러남의 상이다. 강함과 유함이란 낮과 밤의 상이다. 육효가 변동함은 삼극의 도이다."(變化者는 進退之象也오 剛柔者는 晝夜之象也오 六爻之動은 三極之道也니라) '변화'라는 것은 나아가고(進하고) 물러나는(退하는) 상인데, 한 해 가운데의 기후로 말하면 동지(冬至)에서부터 하지(夏至)까지는 '나아감(進)'이고, 하지에서부터 동지까지가 '물러남(退)'이 된다. '상(象)'이라는 뜻은 그 모습(貌象)이 실체는 아니지만 그 모양새를 가상해서 표현할 경우에 쓰는 상징을 말함과 동시에 易의 양의(兩儀)의 상을 뜻한다. '강유자(剛柔者)는 주야지상(晝夜之象)'의 낮(晝)은 햇빛(日光)이 밝게 비칠 때를 의미하고, 밤(夜)은 해가 진 다음(日沒後)을 말한다. '강유'가 주야의 상이 된 이유는 천하 만물이 햇빛을 많이 받으면 굳어지고(剛) 햇빛을 못 받으면 부드러워지기(柔) 때문이니 곧 햇빛을 많이 받는 데가 남쪽이요 햇빛을 제대로 못 받는 데가 북쪽이다. 그러므로 이에 그 모습을 晝夜의 象으로 한 것이다.

"육효지동(六爻之動)은 삼극(三極)의 도(道)이다."

이 육효의 움직임(動)이라 함은 역의 괘를 두고서 한 말인데 팔괘에 곱하기 팔괘를 하면 육십사괘가 됨을 말한다. 어째서 팔괘의 곱하기라 하는가. 이는 주역은 그 근본이 팔괘뿐인데, 그것을 八에다 八을 곱하게(因而重之) 되면 육십사괘가 된다. 이 육획괘를 아래로부터 初爻, 二爻, 三爻, 四爻, 五爻, 上爻로 지칭함으로 이를 '六爻의 動'이라 한 것이다. '삼극지도(三極之道)'라 한 것은 천극(天極)·지극(地極)·인극(人極) 곧 天地人 삼재(三才)의 도(이치)를 말한 것이며, 이 극(極)이라 함은 '한 덩어리'라는 뜻이다. 이 '한 덩어리'라 함은 天에서는 陰陽, 地에서는 剛柔, 人에서는 男女로 나누어지기 전의 그 개체를 하나의 체상(體象)으로 삼은 것을 뜻한다. 어떤 물체이건 간에 물(物)이란 음양이 구비되어 있고 음양이 합하여 한 개의 물(一個物)이 되면 그중에 물리가 있게 마련이다.

"이러므로 易에는 太極이 있으니, 이것이 兩儀를 낳고 兩儀는 四象을 낳으며 四象은 八卦를 낳고"(是故로 易有太極하니 始生兩儀하고 兩儀生四象하고 四象이 生八卦하니).

역에 태극(태극은 天地人 三極을 합한 일개의 體象)이 있으니 이에서 양의(兩儀는 陰과 陽의 象을 뜻함)를 생하고 양의가 사상(四象은 天道와 地道가 합하여 四개의 體象이 된 것)을 생하고 사상이 팔괘를 생하니라 하였는데, 여기 팔괘(八卦)라 함은 역경의 乾, 坤, 震, 巽, 坎, 離, 艮, 兌의 팔괘를 말한다. 이 설명은 易의 八卦를 圖劃化한 내용과 같다(別紙: 八卦 및 六十四卦 作圖說과 아울러 卦圖面을 참고할 것).

"八卦는 길함과 흉함을 정하며 길흉은 큰 사업을 낳는다."(八卦로 定吉凶하고 吉凶이 生大業이라)

역은 육십사괘로 되어 있고 또 역을 이용하는 것도 육십사괘로서

하지만 어찌하여 '팔괘는 길함과 흉함을 정하며'(八卦로 定吉凶)라 하였는가. 이는 역의 괘는 그 본바탕이 팔괘인데, 이 팔괘를 제곱하여(因而重之) 내외괘(內外卦 또는 上下卦)를 만들고 그것에 괘명을 붙이고 그 각 괘명에 따라서 괘의(卦義)를 세우고 이 괘의를 본으로 삼아서 그 내외괘의 덕(卦德)과 재(卦才)를 살피고 또는 각 爻의 처해 있는 상황을 보고서 길흉을 판단하는 것이기 때문이다.

"吉凶이 大業을 生한다." 함은 사람이 역으로 길흉을 밝힌 바에 따라 흉한 것은 피하고 길한 데로 나아감으로써(趣吉避凶) 소기의 목적을 달성하면 이것이 바로 대업을 이루어내는 결과가 되는 것이다.

"八卦는 象으로 알려주고 爻辭와 象辭는 그 卦爻가 머금고 있는 실상(實情)을 말하였으니 剛함과 柔함이 섞여 있으므로 길흉을 알아볼 수 있다."(八卦는 以象告하고 爻象은 以情言하니 剛柔雜居而吉凶을 可見矣라)

팔괘는 상으로써 알려주고, 효사와 단사는 64괘와 384효에 각기 함유하고 있는 실상(實情)을 가지고 알려준다. 강함과 유함이 뒤섞여 있어서(雜居) 길흉을 알아볼 수 있다. 여기서 잡거(雜居)라 함은 한 괘(六劃卦)에 있어서 상하의 괘가 卦才와 卦德이 같지 아니함과, 효에 있어서는 혹 陽位에 음효가, 陰位에 양효가 있는 것을 잡거라 한 것이다.

"이러므로 길하고 흉한 것은 얻음과 잃음의 象이요, 뉘우치고 한탄하는 것은 근심과 걱정의 象이다."(是故로 吉凶者는 失得之象也오 悔吝者는 憂虞之象也오)

여기 길하다 흉하다 한 것은 의리로 말하면 역을 보는 본인이 자신에게 해당한 그 괘나 효가 본인이 그때에 처해 있는 입장이 어떤 사태에서 시기와 형세가 의리에 합하느냐 아니냐에 따라 일어나는 결과이다. 그러므로 이것을 실득(失得)의 상이라고 한다. 실득은 강유잡거(剛柔雜居)의 연유로 생긴다.

뉘우치고 한탄하는 것(悔吝)이라 함은 역경 중에 회(悔)한다 인(吝)하다 함을 말함인데, 회는 과거의 잘못을 후회할 일이 생긴 것을 뜻하고 인(吝)이라 함은 비유컨대 사람이 누구와의 거래 관계에서 자신이나 남이 이해에 대하여 너무 인색하게 함을 뜻한다. 조금만 양보하면 서로 일이 잘 풀릴 것이나 양보를 하지 않으면 대단치 않은 이해관계 때문에 상대와 의절(義絕)하는 일이 생기고 그로 인하여 뜻하지 않은(不意) 일이 생긴다면 이런 일들이 곧 우우(憂虞)의 상(象)이 되는 것이다.

"이러므로 君子가 집에 있어서 안으로 살펴야 할 바는 易의 차례요, 즐겨서 익숙히 음미하여야 할 바는 여러 爻의 辭이다."(是故로 君子 所居而安者는 易之序也오 所樂而玩者는 爻之辭也니) 여기 역의 차례(易之序)라고 함은 곧 64괘의 서괘사(序卦辭)를 가리킨다. 역을 알고자 하는 이는 제일 먼저 서괘사를 봐서 어느 괘이든 그 괘의 괘의를 안 뒤에야 역의 글을 보고 이해할 수 있음을 뜻한다.

"즐겨서 음미하고 구경할 바는 여러 효사이라." 여기의 소락(所樂)은 화(和)의 뜻이니, 즉 천도에 화락(和樂)하는 것 곧 이치를 자득(自得)한다는 뜻이다. 익숙히 음미(玩)하여야 할 바는 효에 씌어져 있는 글(辭)인데, 여기에 익숙히 음미한다는 뜻의 완자(玩字)는 이 효사를 보는 데 있어서 그 한 효의 효사만으로는 해득이 어려우니 여러 효사를 아울러 같이 보라는 뜻이다.

"이러므로 君子가 집 안에 조용히 있을 때에는 象을 살피고 글을 음미하며, 움직일 때에는 그 변화를 보고 그 占의 길흉을 익숙히 알아본다. 이러므로 하늘로부터 도움이 있어 길하여 이롭지 않음이 없는 것이다."(是故로 居則觀其象而玩其辭하고 動則觀其變而玩其占하나니 是以自天祐之하야 吉无不利니라)

'거즉관기상이완기사(居則觀其象而玩其辭)'라 함은 군자가 집에 있을 경우에는 그 상을 봐서 그 사(辭)를 익숙히 한다. 여기 그 상이라 함은 군자 자신이나 또는 타인이라도 안거해 있는 입지가 현재로 육십사괘 중에 어느 괘상에 해당하느냐를 찾고, 다음으로 그 괘 중에서 어느 효에 해당되는가를 살펴서 그 괘사와 효사를 익숙히 비겨보는 것을 뜻한다.

'동즉관기변이완기점(動則觀其變而玩其占)'이라 함은 어떤 일을 행동으로 옮기는 경우에, 그 변동함을 봐서 본래에 처해 있던 괘상이 그대로이냐, 아니면 일 자체는 그대로 두되 작은 변화(小變)인가 아니면 큰 변동(大變)인가 곧 일의 근본에서부터 변체(變體)시키어 새로 얻어지는 괘상을 찾아서 살피고(觀其變) 그 일의 길흉을 헤아려 판별(玩其占)하여 행동함을 뜻한다.

"이러므로 인하여 하늘로부터 스스로 도움으로써 吉하고 이롭지 아니함이 없다."(是以自天祐之하야 吉无不利니라)

이를 다시 설명하면, 우선 이미 계획한 혹은 착수한 일이나 또는 현재 일을 하고자 하는 당면한 과제가 있으면 이로써 괘상을 정하고, 만약 일의 계획을 새로 입안하였다든가 아니면 직접 일에 착수를 하였다면 그 일에 해당하는 효상(爻象)을 찾아서 일의 현재 상황을 보고, 미래의 일(事)은 일이 변동하지 않는 한 그 괘효 자체에서 길흉을 예측해 보면 되는 것이다. 이 논리는 군자가 자기에게 적용시키면 자기 일의 길흉을 판단할 수 있고, 타인의 일에 적응시켜 보면 타인의 일을 판별할 수 있는 것이다.

第三節 結語의 辭

象者는 言乎象者也요, 爻者는 言乎變者也요.
吉凶者는 言乎其失得也요 悔吝者는 言乎其小疵也요
无咎者는 善補過也니라

단사(象辭)는 상(象)을 말한 것이고, 효사(爻辭)는 변(變)을 말한 것이다. 길과 흉은 잃음과 얻음(失得)을 말한 것이며, 실수하다, 인색하다 함(悔吝)은 그 조그마한 허물을 말한 것이다. 허물이 없다(无咎) 하는 것은 허물을 잘 보완한 것이다.

是故로 列貴賤者는 存乎位하고
齊小大者는 存乎卦하고 辯吉凶者는 存乎辭하고
憂悔吝者는 存乎介하고 震无咎者는 存乎悔하니
是故로 卦有小大하고 辭有險易하니 辭也者는 各指其所之니라.

이러므로 귀한 것과 천한 것을 차례로 배열한 것은 육효(六爻)의 놓인 자리에서 드러나고, 작고 큰 것을 가리는 것은 괘(卦)에 있으며, 길과 흉을 변별하는 것은 글귀(辭)에 있다.

지나간 일에 실수와 인색하였던 것을 근심하는 것은 당시의 처하여 있는 상황에 두어져 있고, 두려워해서 허물이 없는 것은 뉘우침에 두어져 있다.

이러므로 괘에는 크고 작은 것이 있으며, 글귀에는 어려운 것과 쉬운 것이 있으니 문사(辭)는 각각 그 나아갈 바를 가리킴이니라.

"단사(彖辭)는 상(象)을 말한 것이고, 효사(爻辭)는 변(變)을 말한 것이다."(彖者는 言乎象者也오, 爻者는 言乎變者也오)

여기 효단(爻彖) 두 자는 그 본경(易經)을 의식해서 쓴 것이지만 바로 앞 절의 글에 "효사(爻辭)와 단사(彖辭)는 실상(實情)을 말한다."(爻彖은 以情言이라)고 한 데의 효단(爻彖) 두 자(二字)를 따서 그 뜻을 밝히려고 쓴 글이다. 그리고 또 이 爻자와 彖자에 대해서 계사전 하편(제이장)에서 다시 해석을 내리고 있는데 그 글에서는 '爻라는 것은 이것(乾坤의 쉬움과 간요함)을 본받은 것이고'(爻也者는 效此者也오), '彖이란 것은 괘의 材(특징)이다.'라 설명하고 있다(彖者는 材也).

"길과 흉은 잃음과 얻음(失得)을 말한 것이다. 조그마한 실수를 하다, 인색하다 함(悔吝)은 그 조그마한 허물을 말한 것이다. 허물이 없다(无咎) 하는 것은 허물을 잘 보완한 것이다(補改也)."(吉凶者는 言乎其失得也오 悔吝者는 言乎其小疵也오 无咎者는 善補過也니)

그런데 앞 절(節)에서는 길흉(吉凶)과 회린(悔吝)을 설명하는 자리에서 끝마무리(末尾辭)를 '상(象)'이라 하고(吉凶者는 失得之象也오, 悔吝者는 憂虞之象也오), 이 절에서는 어찌하여 '언(言)'이라고 하였는가. 이는 앞 절에서는 역의 괘상을 주요인으로 설명하였으므로 '상(象)'이라 한 것이고, 여기서는 의리적으로 설명하였기 때문에 '언(言)'이라고 한 것이다.

"이러므로 귀한 것과 천한 것을 차례로 배열한 것은 육효(六爻)의 놓인 자리에서 드러나고, 작고 큰 것을 가리는 것은 괘(卦)에 있으며, 길과 흉을 변별하는 것은 글귀(辭)에 있다."(是故로 列貴賤者는 存乎位하고 齊小大者는 存乎卦하고 辯吉凶者는 存乎辭하고)

여기 존호사(存乎辭)의 사(辭字)는 역경의 괘와 효 아래에 있는 계사(繫辭)를 뜻한다. '귀(貴)와 천(賤)을 열(列)한 것은 위(位)에 존(存)한다.' 함은 역의 괘상이 육위(六位)로 되어 있으며, 각 자리별(位別)로 그 처지를 말하는 것이다. 괘효의 육위 중 맨 아래 자리는 초효(初爻)요, 최고로 높은 자리(尊位)는 상효(上爻)며, 따라서 단계별로 상위가 귀하고 하위가 천하다.

그리고 이 귀천설(貴賤說)에 참고가 될 문구는 하계(下繫) 제5장 제2절에 "二與四 同功而異位", "三與五 同功而異位"라는 구절이 있는바, 거기서 '동공(同功)'이라 함은 음위(陰位)는 음위끼리(二와 四爻) 양위(陽位)는 양위끼리(三과五爻) 비교해서 설명한 것이고, '이위(異位)'라 함은 상하의 자리(位)로 설명한 것이며 '귀(貴)'와 '천(賤)'이라 함은 그 처지에 따른 설명이다. 또 음양으로도 귀천이 있으니 양은 귀하고 음은 천한 것이 역설의 통례적인 논리이다.

다음 "작고 큰 것을 가리는 것은 괘(卦)에 있으며, 길과 흉을 변별하는 것은 글귀(辭)에 있다."(小와 大를 분별할 수 있는 것은 卦에 存하고 吉과 凶을 分辯하는 것은 辭에 存하다)에 대해서 주자(朱子)는 小는 음괘요, 大는 양괘를 칭함이라 하고(또는 '好底卦

便是大 不好底卦 便是小’라) 하였다. 이에 대하여 필자의 의견으로는 卦의 적응(適應)의 의의(意義)에는 大小가 있다는 것이 아닌가 여겨진다. ‘길흉을 분변하는 것은 글귀(辭)에 두어져 있다.’ 함은 괘사와 효사와 상사를 잘 연구하면 길하고(義所當則吉) 흉함을 (義所不當則凶) 판별해 낼 수 있다는 말이다.

“지나간 일에 실수와 인색하던 것을 근심하는 것은 당시에 처해 있는 상황에 두어져 있고, 두려워해서 허물이 없는 것은 뉘우침에 두어져 있다.”(憂悔吝者는 存乎介하고 震无咎者는 存乎悔하니) ‘介’는 견식(見識)이다. ‘存乎介’라 함은 悔와 吝함을 근심해야 할 일을 당해서 진퇴양난(進退兩難) 가운데에 끼어져 있을 때를 말한 것이고, ‘두려워해서 허물이 없다 함’은 용기 있게 고치는 데 있음 (震无咎者는 存乎悔)을 말한 것이다.

“이러므로 괘에는 크고 작은 것이 있으며, 글귀에는 어려움과 쉬운 것이 있으니, 글이란 것은 각각 그 나아갈 바를 가리킴이다.”(是故로 卦有小大하고 辭有險易하니 辭也者는 各指其所之니라)

이 글 중에 글(辭)에 험함과 쉬움(易)이 있다 한 것은 무엇을 뜻함인가. 이는 천하만사에는 앞길에(前途) 험한 일과 평이한 일이 있음을 말하는 것으로, 사람이 무슨 일을 당할 경우에 易의 괘사와 효사와 상사를 통해서 먼저 그 일을 알고 처리하도록 하기 위한 이론이 바로 이 역의 글(辭)이다.

易을 올바르게 공부한 사람은 국가적인 위기나 기타 특별히 위험한 상황이 있을 때를 제외하고는 위태로운 일을 하지 않는다. 이러므로 어떤 일을 착수하든 간에 거의 성공적인 것은 어떤 일을 당하든 간에 앞으로 올 일(來頭事)을 알고 행하기 때문이니, 과연 이

易이 얼마나 중요한 글인가를 감탄하지 않을 수 없는 것이다.

끝으로 이 장절(章節)의 맺는 말(結語辭)인 "글이란 것은 각각 그 나아갈 바를 가리킴이다."(辭也者는 各指其所之)의 이 사(辭)자는 '관상계사언(觀象繫辭焉)'이라 한 데서부터 이어서 나온 글자이다. 시고(是故)로 열귀천(列貴賤)에서부터 끝마무리의 각지기소지(各指其所之)까지는 易을 이해하는 방법과 學易人으로서 용심(用心)하는 도리를 말한 것이며, 또한 제1장의 결어사(結語辭)로 쓴 글도 된다.

이상 제1장은 그 제1절에서 천지인의 삼극(三才)의 도를 확립하고 있으며, 제2절에서는 설괘(設卦)와 관상(觀象), 완사하는 법(玩辭法)을 설명하고 있으며, 여기 말미의 제3절에서는 맺음말(結語辭)로 마무리하고 있다.

第二章 易의 位相과 能力

이 제2장에서는 글의 順序를 바꾸거나 다른 데에서 옮겨 온 글이 없으니 이왕에 보던 대로 보면 된다. 다만 이왕의 제4장과 제5장을 합하여 一章, 三節로 章次를 개수하였으므로 이것만 참작하면 된다.

第一節 易의 位相

易이 與天地準이라 故로 能彌綸天地之道하나니

仰以觀於天文하고 俯以察於地理라 是故로 知幽明之故하며 原始反終이라 故로 知死生之說하며 精氣爲物이오 游魂爲變이라 是故로 知鬼神之情狀하나니라

易이 천지의 법리와 더불어 비기는지라

그러므로 능히 천지의 도를 두루 다스리나니,

우러러서 하늘의 현상을 보고 구부려서 땅의 이치를 살피는지라 이러므로 깊어서 보이지 않는 것과 명료하게 보이는 것의 연고를 알며, 처음을 본원으로 하여 끝에 제자리로 돌아가는지라. 그러므로 죽고 사는 원리를 아느니라.

신묘한 기운이 유형물이 되고 혼이 떠나면 죽음으로 변하는지라, 이러므로 귀신의 정상을 아느니라.

與天地相似라 故로 不違하나니, 知周乎萬物而道濟天下라 故로 不過하며, 旁行而不流하야 樂天知命이라 故로 不憂하며, 安土하여 敦乎仁이라 故로 能愛하나니라

천지와 더불어 서로 같은지라 그러므로 어기지 아니하나니, 아는 지혜는 만물에 두루 미치고 도는 천하를 구제하는지라 그러므로 잘못되지 아니하며, 두루 행해도 흘러넘치지 아니하며 하늘을 즐거워하고 명을 아는지라, 그러므로 근심하지 아니하며 있는 자리(土)

에 편안히 해서 덕 있는 사람노릇을 힘써 하는지라, 그러므로 능히
(만물을) 사랑하느니라.

**範圍天地之化而不過하며 曲成萬物而不遺하며 通乎晝夜之道而
知라 故로 神无方而易无體하니**

천지의 조화(造化)를 본떠서 지나치지 아니하며, 만물을 골고루 이
루어서 빠뜨리지 아니하며, 밤낮의 도를 통하여 주도하는지라, 그러
므로 신은 일정한 방소가 없고 易은 정해진 체상(體相)이 없느니라.

"易이 천지의 법리와 더불어 비기는지라, 그러므로 천지의 도를
두루 다스리나니"(易이 與天地準이라 故로 能彌綸天地之道하나니)
이 글은 본 2장의 머리글에 해당한다. 易이 천지를 본받음과 같
은(準한) 것이므로 능히 천지의 道(이치)를 두루 다스릴 수 있다(彌
綸 미륜). 미(彌) 자는 두루 빠짐없이(遍), 륜(綸) 자는 다스린다(理)는
뜻. 미륜(彌綸)은 易이 천지조화의 이치를 포괄적으로 감싸 다스리
고 있다는 뜻이며, 준(準) 자는 같다 비긴다(擬)는 뜻, 곧 易의 진리
가 천지의 道와 더불어 대등하다는 뜻을 명시한 것이다. 여기 역
(易) 자는 천지의 심(天地之心)의 대명사이다.

"우러러서 하늘에 나타난 현상(象·무늬)을 보고, 구부려서 땅의
이치를 살피는지라. 이러므로 보이지 않는 그윽한 것과 밝게 보이
는 것의 연고를 알며"(仰以觀於天文하고 俯以察於地理라 是故로
知幽明之故하며) 사람이 易의 이치를 탐구함에 하늘의 일월성신
(日月星辰)이 연월일시(年月日時)를 따라 운행하는 현상과 땅이 은

연중에 천하의 만물을 생양수장(生養收藏)하는 이치를 통찰함으로써 천지자연의 깊어서 보이지 않는 그윽한 것과 밝게 드러나 보이는 것(幽明)의 이유를 알 수 있는 것이다.

"처음을 본원으로 하여 끝에 제자리로 돌아가는지라 그러므로 죽고 사는 원리를 아나니라."(原始反終이라 故로 知死生之說)

易의 이치로서 보면, 천하의 만물이 처음 생겨남을 본으로 하여 마침내 다시 근본으로 되돌아간다(原始反終). 그러므로 사람(生物)의 죽고 사는 도리를 알 수 있다(知死生之說).

"정미로운 기운이 유형물(有形物)이 되고 혼이 떠나면 죽게 되는지라, 이러므로 귀신의 실상을 아나니라."(精氣爲物이요 游魂爲變이라 是故로 知鬼神之情狀하나니라) 여기 '정기(精氣)'는 천지만물을 생성하는 진기(眞氣)를 뜻한다. 그 정기가 사람(物)이 되며, '혼(魂)'이 자기 있는 자리에서 떠나가면 죽음으로 변하게 되나니(遊魂爲變), 이러므로 귀(鬼)와 신(神)의 정상(情狀)을 알게 된다(知鬼神之情狀)[정(精)은 신묘 막측한 정(神妙莫測之精)이며, 기(氣)는 음양이기의 기(陰陽二氣之氣)이다].

이 글은 성인이 우주자연의 이치를 궁구하여 그 진상을 설명한 것이다. 이 글에서 귀(鬼)와 신(神)이라 함은 과연 무엇을 말함인가. 이에 우선 공자의 말씀부터 알아보기로 한다. 『예기(禮記)』, 「제의(祭義)」에 공자가 말씀하시기를 "氣也者는 神之盛也오 魄也者는 鬼之盛也니 合鬼與神은 敎之至也라" 하였다. 여기 '敎之至也'라는 의미는 스승으로서 제자를 가르치는 데 궁극적인 면까지 그 지식을 깨우쳐 주는 데 있음을 뜻한다.

필자의 견해로는, 귀(鬼)는 이목의 총명(耳目之聰明)의 그 자체

곧 몸(形)에 따랐던 영(靈)을 지칭함이요, 신(神)은 모습이 있기 전(形以前)의 무로부터 존재가 된 것(自无而有)으로서 천하의 만물을 신묘(妙)하게 하는 그 조화(造化) 자체를 설명한 것이다[이에 대해 장자(張子)의 말씀에 "精氣者는 自无而有요 游魂者는 自有而无며, 自无而有는 神之情也오 自有而无는 鬼之情也니, 自无而有라 故로 顯而爲物은 神之狀也오, 自有而无라 故로 隱而爲變은 鬼之 狀也라" 한 말씀을 상고하기 바란다.].

"易이 천지와 더불어 서로 같은지라, 그러므로 어기지 아니하나니, 아는 지혜는 만물에 두루 미치고, 도는 천하를 구제하는지라, 그러므로 잘못되지 아니하며, 두루 널리 행하되 법도에 없는 일을 하지 아니하여 하늘을 즐거워하고 명을 아는지라, 그러므로 근심하지 아니하며 땅(居所)에 편안히 하여 아주 인자하게 하는지라, 그러므로 능히 만물을 사랑하느니라."(與天地相似라 故로 不違하나니, 知周乎萬物而道濟天下라 故로 不過하며, 旁行而不流하야 樂天知命이라 故로 不憂하며, 安土하여 敦乎仁이라 故로 能愛하나니라.)

易의 도가 천지의 도와 더불어 서로 같으므로 천지의 이치(理)에 어긋나지 않으며, 易이 주관하는 지혜(知는 智와 같다)는 만물에 두루 미치고(周), (一陰一陽之하는) 道는 천하를 구제하므로(濟는 救也) 잘못 패(敗)함이 없으며(過는 敗也), 두루 널리 행하되(旁行) 법도(法度)를 지나는 일이 없고, 하늘(天)의 뜻(命)을 알아서 즐기므로 [樂은 心安也 與天和樂也] 근심하지 않는다. 붙어 사는 자리(처지)에 따라 잘 살펴서(安土), [安土者는 隨寓而安也니 則無適而不安之意라], 사랑(仁)을 돈독히 하므로 능히 만물을 사랑할 수 있다[又 樂天은 順乎天理也오 知命은 安其分也라(分은 分數, 命은 運命)].

이 글은 易의 이치가 천지의 도와 더불어 만물의 생장수장(生長收藏)과 흥왕성쇠(興旺盛衰)에 순리(順理)대로 되는 역할을 하는 것이므로 '불위(不違), 불과(不過), 불우(不憂)한다.'고 말한 것이다.

"천지의 변화함을 본떠서 지나치지 아니하며 만물을 골고루 이루어서 빠뜨리지 아니하며, 밤낮의 도를 통하여 아는지라, 그러므로 신은 (일정한) 방소가 없고 易은 (정해진) 체상(體狀)이 없느니라."(範圍天地之化而不過하며 曲成萬物而不遺하며 通乎晝夜之道而知라 故로 神无方而易无體하니라.)

易의 규범(規範)이 천지의 조화를 범위(範圍)하여 그 度에 넘지 아니하며, 골고루(曲) 만물을 이루게 하여 어느 하나도 빠뜨리지 아니하며, 낮과 밤(晝夜)의 이치(道)를 통하여[通은 明曉也] 곧 천하 만물의 생장수장(生長收藏)하는 이치를 알아서 주도한다[知는 主이다]. 그러므로 神은 일정한 방소(方所)가 없고 易에는 정해 놓은 체(體)[形質, 몸체]가 없다. 음양의 도(이치)에 의하여 나타나는 헤아릴 수 없는(不測) 자취를 일러서 神이라고 하며[陰陽不測之謂神], 易은 오직 변하는 대로 갈 뿐이다. 이 글은 易의 범위와 능력과 한계에 관하여 설명한 것이다. 위의 '陰陽不測之謂神'의 神 자는 본문 중의 '神无方'의 神 자의 뜻과 같은 것이다.

第二節 易理中의 陰陽之道

一陰一陽之謂道니 繼之者善也오 成之者性也라
仁者見之에 謂之仁하며 知者見之에 謂之知요

百姓은 日用而不知라 故로 君子之道鮮矣니라

한 차례 陰하고 한 차례 陽하는 것을 일러 道라고 하니, 이를 잇
는 것이 善이요, 이를 이룬 것이 性이라.
인자한 이가 보고서 仁이라 하며, 지혜로운 이가 보고서 知(智)
라 이르며, 백성은 날마다 쓰면서도 알지 못하는지라, 그러므로 군
자의 도가 적느니라.

顯諸仁하며　藏諸用하야　鼓萬物而不與聖人同憂하나니　盛德大
業이　至矣哉라
富有之謂大業이요　日新之謂盛德이요

무릇 仁을 드러내고 무릇 用을 감춰서 만물을 고동시키되 성인
과 더불어 같이 근심하지 않나니, 성한 덕과 큰 업이 지극한지라.
풍부하게 갖고 있는 것을 대업이라고 하고, 날로 새로워지는 것
을 성덕이라고 한다.

“한 차례 陰하고 한 차례 陽하는 것을 일러 道라고 한다.”(一陰
一陽之　謂道)
이 글은 본 절의 머리글이 된다. 이 글의 道 자는 앞글의 ‘통호주
야지도(通乎晝夜之道)’에서 따라온 것을 다시 해석하는 것이며, 또
한 위의 글 ‘도제천하(道濟天下)’의 도(道) 자를 해석하는 글이다.
“이를 잇는 것이 善이요, 이를 이룬 것은 性이라.”(繼之者　善也
오 成之者　性也라) 이 글의 善 자의 뜻은 천하의 만물을 생성하는

이치를 끊임없이 잘 이어간다는 것을 의미한다. '성지자(成之者)'라 함은 거두어 이룬다는 뜻이며, '性'은 善이라는 뜻의 本性을 의미한 것이다. 곧 만물생성의 이치라는 것은 일음일양(一陰一陽)하는 道를 따라서 만물이 자생(自生)함을 뜻하는 것이다[善은 濟와 같다, 濟는 成과 같다, 成은 收藏의 뜻이다].

"인자한 이가 보고서 仁이라 하며, 지혜로운 이가 보고서 知라 이르며, 백성은 날마다 쓰면서도 알지 못하는지라, 그러므로 군자의 도가 적으니라."(仁者見之에 謂之仁하며 知者見之에 謂之知오 百姓은 日用而不知라 故로 君子之道鮮矣니라.)

이 글은 易의 이치로서 위의 '繼善 成性'하는 의의에 대하여 설명하는 구절이다. 인자한 이가 보고서는 仁이라 이르고, 지혜로운 이가 보고서는 知라 이른다. 그러나 백성은 날로 쓰면서도 알지 못한다. 그러므로 군자의 도가 적다고 말한 것이다. '知者見之에 謂之知요'의 두 知자는 智 곧 생각을 슬기롭게 하는 것을 뜻한다.

이 글의 뜻은 그 본원이 易에 있는데, 사람이 천하의 변혁하는 이치에 대하여 인자한 사람이 보고서는 仁(곧 萬物始生之理)이라 함은 곧 '元'의 의의와 같음을 말함이고, 지혜로운 사람이 보고서는 知(智)라 함은 곧 '貞'의 의의를 말함인데, 仁은 元에 해당하고 知는 貞에 해당한다. 易의 이치가 生則死하고 死則生(死以復生) 하는 것 곧 人生은 易理 안에서 살아가는 것이지만 사람들은 이 生死의 이치를 잘 알지 못한다. 만일 개개인이 모두 易의 이치 안에서 살고 있음을 안다면 天理를 어기는 범법자는 거의 생기지 않을 것이다. 그러므로 이 글의 맺는말로서 '그러므로 군자의 도가 적다.'(故로 君子之道 鮮矣니라)고 한 것이다.

"무릇 仁을 드러내며 무릇 用을 감춰서 만물을 고동시키되 성인과 더불어 같이 근심하지 않나니, 성대한 덕업이 지극하다."(顯諸仁하며 藏諸用하야 鼓萬物而不與聖人同憂하나니 盛德大業이 至矣哉라)(諸는 凡[무릇]이다)

易의 이치가 仁에 나타나며 用에 감추어짐으로써 만물을 움직이게 어루만지지만(鼓는 撫[어루만짐]이다), 성인과 더불어 같이 근심하지 않으니 그 盛大한 德業이 지극하다고 하겠다. 이 글을 다시 깊이 풀이하면, '鼓萬物'의 鼓의 뜻은 고무시킨다는 말인데 기후변화에 의하여 만물이 자체의 본성에 맞는 때가 오면 그 각종 만물의 자체들이 그때를 맞추어 생양(生養)하고 성수(成遂)하는 것을 뜻한다. 또한 그 변화 중에서 생양하는 道의 본원은 '貞'을 근본으로 하여 발생하는 것이므로 이를 일러 仁의 드러남(顯)이라 한다. 성수(成遂)하는 道는 '元'을 시작으로 하여 끝에 가서는 다시 새롭게 발생할 수 있는 仁의 본성 자체를 내면에 숨기고, 바깥으로는 내면에 숨은 그 仁을 보호하기 위한 껍질[皮肉]만이 한 개체를 이루는 것을 일러서 장제용(藏諸用)이라 한 것이다.

그리고 "성인과 더불어 한가지로 근심하지 아니한다."(不與聖人同憂) 함은 하늘(天)의 이치는 易의 道로써 천하 만물을 생장수장(生長收藏)할 뿐이지, 잘 자람과 아름답게 이루게 하는 데는 억지로 참여하지 않으며, 다만 성인은 천지로 더불어 때를 따라 화육(化育)에 참여하여 도와야(祐) 하는 관계로 천하 만물의 잘 자라고 아름답게 이루는 데(善長美遂) 대하여 우려의 뜻을 안 가질 수 없는 것이다. "풍부하게 많이 가짐을 일러 大業이라고 하고, 날로(日) 새로워짐을 盛德이라고 한다."(富有之謂大業이요 日新之謂盛德이

라) 張子는 이 글의 註에 이르기를 "富有者는 大而无外요, 日新者
는 久而無窮이라" 하였다.

第三節 結語의 辭

生生之謂 易이오
成象之謂 乾이오
效法之謂 坤이오

(끊임없이 저절로) 낳고 낳는 것을 易이라 하며,
象을 이룬 것을 일러 乾이라 하고,
法을 본받는 것을 일러 坤이라 하고,

極數知來之謂 占이오
通變之謂 事오
陰陽不測之謂 神이라

數를 끝까지 미루어서 未來를 아는 것을 일러 占이라 하고,
변하여 통해 나아가는 것을 일러 事(일)라 하고,
陰陽의 헤아릴 수 없는 것을 일러 神이라 하니라.

"生生之謂 易이오"(저절로 낳고 낳는 것을 일러 易이라 한다) 이
글은 '生生'을 설명하기 위한 문장이 아니라 앞 절의 역무체(易无體)

라고 한 데서 易 자의 해설이 미진하기 때문에 여기서 재차 역의 의의를 해석한 글이 '生生'이라고 한 것이다. 程子는 이 글을 주해하여 "生生이라 함은 상속(相續)하기를 마지아니함이라."고 하였다.

"成象之謂 乾이오 效法之謂 坤이오"(象을 이룬 것을 乾이라 하고, 法을 본받는 것을 坤이라 한다) 이 글은 앞의 제1장 제1절에서 乾坤의 해석을 첫 번째에(一次) '건도성남(乾道成男) 곤도성녀(坤道成女)', 두 번째로(二次) '건지대(乾知大始) 곤작성물(坤作成物)', 세 번째로(三次) '건이이지(乾以易知) 곤이간능(坤以簡能)'이라고 연이어서 설명하였으나 그럼에도 미진함이 있어서 여기 다시 네 번째로(四次) '성상지위건(成象之謂乾)이오 효법지위곤(效法之謂坤)이오'라 한 것이다.

이 성상(成象)과 효법(效法)에 대해서 설명하자면, 成象은 동물에 비유해서 말하면, 수컷이 자신과 같은 모습(象)의 것을 창조해 내는 데 있어 하나의 정자(精子)로 만들어 냄을 뜻하고, 效法은 암컷이 수컷의 그 정자를 자궁에 받아들여 수컷으로부터 받은 形象을 본받아 하나의 형체를 만들어 내는 것을 뜻함과 같으니, 이는 乾과 坤이 하나의 물체를 만들어 내는 상황을 설명하는 것이다.

"極數知來之謂 占이오 通變之謂 事요"(數를 끝까지 미루어서 未來를 아는 것을 占이라 하고, 변하여 통하게 되는 것을 事(일)이라 한다) 數를 끝까지 미루어서 그 결과로 앞으로 오는 것을 앎을 占이라 하고, 變을 미루어 통함을 일러 事라고 이른다고 하는 글 가운데서 '占'이라는 글자는 위의 제1장 제1절 중에 있는 글자로서 거기서는 '완기점(玩其占)'이라 하였는바 그 뜻의 해석이 이루어지지 아니했다. 그러나 여기서 그 占의 의의를 해석한 글로서 "극수

지래(極數知來)하는 것을 占이라 이른다.” 하고 있고, “변하여 통하게 되는 것을 事(일)라 이른다(通變之謂事).” 한 글의 事의 의미는 문장상으로 맞는다. 그러나 ‘지위사(之謂事)’라고 한 의미는 잘 알 수는 없으나 제일장 일절에 ‘방이유취(方以類聚)’라 한 데서 ‘方’ 자의 뜻풀이가 ‘事’로 되어 있으니 혹 그 글자의 뜻풀이를 하기 위함이 아닌가 싶다. 참고로, 이 事를 朱子는 ‘事는 行事也’라고 풀이하고 있다. 그리고 ‘통변지위사(通變之謂事)’의 ‘通’ 자를 ‘추이행지(推而行之)’의 뜻으로 보면 그 아래에 ‘事’ 자가 나오게 되어 있다.

“陰陽不測之謂 神이라”(陰陽의 헤아릴 수 없는 자취를 일러 神이라 하니라) 이 글의 ‘神’ 자는 본 장 제1절에 ‘신무방(神无方)’이라고 한 ‘神’ 자를 해석하기 위하여 쓴 것이다. 그 ‘神无方’의 뜻을 다시 해석하지 않으면 그 의미가 모호하므로 그 ‘神’ 자를 명확히 해석한 글이 바로 “음양불측지위신(陰陽不測之謂神”이라는 구절인데, 張子는 ‘陰陽不測之謂神’을 ‘양재고로불측(兩在故로不測)’이라 풀이하고 있다.

第三章 乾坤의 意義와 應用(立證)例

이 제3장은 그 글됨이 이왕의 제6장과 7장, 8장의 의의를 합하고, 동시에 下繫의 제2장을 합하여 하나의 章으로 개수하였다. 본장 제1절은 앞의(개수편) 제1장과 제2장을 本으로 하여 成文이 되었다. 이 章의 제1절은 이왕의 문장과 그대로 같지만 이왕의 제6장과 7장이 합하여져 있다.

　본 장의 제2절에서는 이왕보다는 글이 많이 변하였으므로 잘 생각해 보아야 한다. 우선 제2절의 머리글 "易有四象" 운운한 문단은 위 개수편의 제1장 제2절 중 "八卦以象告"라는 글로 인해서 발생한 문장이다. 그러므로 제1장에서 "易有太極 是生兩儀 兩儀生四象"이라 한 四象과는 달리, 이 四象은 乾의 老陽象과 坤의 老陰象 그리고 震坎艮의 少陽象, 巽離兌의 少陰象으로 이해함과 동시에 위의 머리글 "易有四象은 所以示也오 繫辭焉은 所以告也오 定之以吉凶은 所以斷也"라는 글로 이어졌다. 이 글은 이왕의 제11장에서 옮겨온 것이다.

　다음 "是故夫象……"이라 한 글로부터 "聖人이 有以見天下之賾" 운운한 글과 그 아래 "聖人이 有以見天下之動" 운운한 글이 이어지는데, 이 글 중에 이왕에는 맨 위의 '是故夫象'이라는 글자가 없이 그 아래 글만이 이 자리에 있었다. 그리고 "聖人이 有以見天下之賾" 운운한 글과 "聖人이 有以見動" 운운한 글이 각각 분리되어 있었다. 곧 이왕에는 제12장 끝머리 앞에 있었던 것인데, 본 개수편에서는 이 "易有四象"이라는 글의 脈을 따라서 여기 제3장 제2절의 둘째 단문으로 옮겨 온 것이다. 그리고 "聖人이 有以見天下之賾" 운운한 글과 "聖人이 有以見天下之動" 운운한 글이 重出되어 있으므로 자세히 살펴보기 바란다.

　그리고 "聖人이 有以見天下之賾" 운운한 글과 "擬之而後言" 운운한 문단은 이왕에 이 자리에 있었던 것이다. 여기까지를 제2절로 한 것이다.

　다음, 제3절의 머리글 "極天下之賾者는 存乎卦하고 鼓天下之動

者는 存乎辭"라 한 글은 이왕에는 저 아래 12장의 끝머리 앞에 있었던 것을 여기로 옮겨서 앞의 글 "聖人이 有以見天下之賾" 운운한 글과 "聖人이 有以見天下之動" 운운한 글에 文脈이 이어지도록 하고, 그 아래로 이왕의 下繫 제2장에 있던 "古者包犧氏之王天下也"라 한 머리글로부터 '始作八卦'의 說에 이은 모두 12卦의 卦說에 관한 문단들을 여기로 옮겨 온 것이다.

이 12卦는 본 三節의 머리글 '存乎卦'라는 글을 本으로 하여 易 64卦 중에서 발췌한 것들이다. 여기 이 '取象, 取義, 求卦'의 說은 인간의 만 가지 世上事에 대하여 吉凶을 알아보고자 할 경우에 직접 '시초를 헤아려 卦를 구하는 일'(揲著求卦)을 하지 않고 人智(直觀)로 事物을 觀察하여 卦를 구하는(求卦) 事例를 제시한 것이다. 이 '取象 取義 求卦 例'의 이치를 깨달아 올바르게 활용한다면 聖人의 '易의 應用法'을 잘 얻는 것이 된다.

이 3절 후반에 "鳴鶴이 在陰이어늘 其子和之로다." 운운한 글에서부터 끝머리에 "作易者其知盜乎" 운운한 문단까지의 모두 七爻에 이르는 爻辭의 설명은 易爻의 應用 例로서 제시한 것이다. 易을 배우는 사람은 그 누구를 막론하고 孔子가 제시한 이 卦와 爻의 응용례 그대로 투철한 정신을 가지고 易을 응용할 수만 있다면 그는 聖人이라는 名聲을 얻을 수 있을 것이다. 다만 學易하는 사람으로서 과연 이러한 경지에 이를 수 있지 못함이 못내 한스러울 뿐이다.

第一節 易과 天(乾) 地(坤)의 意義

夫易은　廣矣大矣라　以言乎遠則不禦하고　以言乎邇則靜而正하
고　以言乎天地之間則備矣라

저 易은 넓고 큰지라(이런 연고로) 깊고 먼 것을 말하려 한즉 다
함이 없고, 가까운 것을 말하려 한즉 고요하면서 올바름을 지키고,
이에 천지의 사이를 말하려 한즉 갖추지 않음이 없는지라.

夫乾은　其靜也　專하고　其動也　直이라　是以大이　生焉하며
夫坤은　其靜也　翕하고　其動也　闢이라　是以廣이　生焉하나니

저 乾은 그 고요함에는 전일하고, 그 움직임에는 곧은지라 이러
므로 큼이 저절로 생겨 나오며,
저 坤은 고요함에는 닫히고, 그 움직임에는 열리는지라 이러므로
넓음이 저절로 생겨나나니,

廣大는　配天地하고　變通은　配四時하고　陰陽之義는　配日月하고
易簡之善은　配至德하니라

넓고 큰 것은 천지와 짝하고, 변하고 통하는 것은 사시와 짝하고,
음양의 의의는 일월과 짝하고, 쉽고 간요한 善은 지극한 덕에 짝이
되느니라.

子曰 易이 其至矣乎인저 夫易은 聖人이 所以崇德而廣業也니
知는 崇코 禮는 卑하니 崇은 效天하고 卑는 法地하니라

공자 말씀하시기를 易이 지극하구나. 저 易은 성인이 그로써 덕
을 높이고 일을 넓게 펴는 바이니, 知(智)는 높고 禮는 낮으니 높
음은 하늘을 본받고 낮음은 땅을 본받음이니라.

天地 設位어든 而易이 行乎其中矣니 成性存存이 道義之門이라

천지가 자리를 펴거든 易이 그 가운데 행하나니, (易理로서) 이
루어진 性을 보존하고 살핌이 도의의 문이라.

이 제3장의 글은 제1장과 제2장의 글을 本으로 하여 이뤄졌으므
로 그 머리글인 '易' 자와 '乾' 자에 '夫' 자로 冠을 씌웠음을 유의
하여야 한다.

"저 易은 넓고 큰지라. 심원함(深遠)을 말하려 한즉 무어라 말하
지 못하겠고, 가까이를 말하려 한즉 고요하면서 바르고, 천지의 사
이를 말하려 한즉 갖추지 아니함이 없는지라."(夫易이 廣矣大矣라
以言乎遠則不禦하고 以言乎邇則靜而正하고 以言乎天地之間則備
矣라)

이 글은 본(제3) 장의 머리말(首題辭)이다. 불어(不禦)의 禦는 語
자로 통한다. 정자(程子)는 불어(不禦)를 무궁(無窮)이라고 해석하
고 있다. 정이정(靜而正)은 고요하면서 제반 일을 올바르게 주관한
다는 뜻이다[正은 主이다].

"저 乾은 그 고요함에는 전일하고, 그 움직임에는 곧은지라 이러므로 큼이 저절로 나오며 저 坤은 고요함에는 닫히고, 그 움직임에는 열리는지라 이러므로 넓음이 저절로 생겨나니"(夫乾은 其靜也 專하고 其動也 直이라 是以大 生焉하며 夫坤은 其靜也 翕하고 其動也 闢이라 是以廣이 生焉하나니)

이 글은 易과 乾坤의 뜻을 또다시(再三) 풀이하고 있다.

乾은 그 본성(性)이 고요할 경우에는 한결같고(專一), 그것이 움직일 경우에는 곧고 바르다. 이러므로 큼(大)이 생겨난다. 이것은 앞글의 '크다(大矣)'라는 뜻이 발생하는 배경을 풀이한 것이다. 저 坤은 고요할 경우에는 닫혀 있고 그것이 움직일 경우에는 열려진다. 이러므로 넓음(廣)이 생겨난다. 이것은 앞글의 넓다(廣矣)는 뜻이 발생하는 배경을 설명한 것이다.

周易의 '易' 자는 우주 자연의 변화하는 원리(道)의 의의를 상징하는 이름(象徵的 名辭)으로 쓰이는 것이며, '乾坤'은 우주 자연의 원리(道)를 대행하는 부호적인 이름(符號的 文字)이다. 乾의 '專一'과 '直' 그리고 坤의 '闔(翕)'과 '闢'이라 함은 우주 자연(천지의 도)의 실질적인 변화의 상황을 설명한 것이며, '大'하다, '廣'하다 함은 易의 변화하는 진리가 광대함을 뜻하며 여기에는 천지의 광대함을 설명하는 뜻도 포함되어 있다. 그것은 "易은 천지로 더불어 같다(與天地相似)."라 하였기 때문이다.

"넓고 큰 것은 천지와 짝하고, 변하고 통하는 것은 사시와 짝하고, 음양의 의의는 일월과 짝하고, 쉽고 간요한 善은 지극한 덕과 짝하게 되니라."(廣大는 配天地하고 變通은 配四時하고 陰陽之義는 配日月하고 易簡之善은 配至德하니라) 이 글은 易 가운데 天

地人 三才의 원리(道)가 들어 있음을 총론적으로 설명한 것이다. 다음 문장에서 易에 대해서 명증적(明證的)으로 설명하는 글이 이어지고 있다.

"공자 말씀하시기를, 저 易이 지극하구나! 저 易은 성인이 그로써 덕을 높이고 일을 넓게 펴는 바이니 知(智)는 높고 禮는 낮으니 높음은 하늘을 본받고 낮음은 땅을 본받느니라."(子曰 易이 其至矣乎인저 夫易은 聖人이 所以崇德而廣業也니 知는 崇코 禮는 卑하니 崇은 效天하고 卑는 法地하니라)

이 글 가운데, '子曰' 이하의 첫 구절은 易이 함유하고 있는 진리(道理)에 대한 찬양하는 말(讚辭)이며, 그 다음은 易의 원리(道)를 사람의 원리(人道)에 붙여서 설명하고 있는 것이다. '숭덕이광업(崇德而廣業)'이라 함은 易의 괘사와 효사 그리고 단사(彖辭)와 상사(象辭)에 있어서 구구절절 '정당(正當)'과 '중덕(中德)'을 수칙으로 함이 吉하다고 한 것이다. 易을 통해서 식견이 높아지면 이것이 곧 '지숭(知崇)', '효천(效天)'하는 것이고, 식견이 하늘과 같이 높으면서도 겸양한 덕을 실행하면 이것이 곧 '법지(法地)'하는 것이다. 사람의 지행(知行)이 바로 이렇게 고명하다면 이것이 바로 숭덕광업(崇德廣業)이 될 것이다.

"천지가 자리를 펴거든 易이 그 가운데 행하나니, 이루어진 性에 존재하고 살핌이 도의의 문이라."(天地 設位어든 而易이 行乎其中矣니 成性存存이 道義之門이라)

이 글은 위 글에서 '효천(效天)'과 '법지(法地)'를 논하고 이어서 사람이 능히 마음으로 효천 법지하여 이를 행위의 근본으로 삼는다면, 사람의 정신 속에 우주 자연계에서 천지설위(天地設位)함과 같은 마음자리가 서게 될 것이며, 따라서 우주가 '천지설위'로 말미암아 易이 그 가운데 행함과 같이 사람의 마음 가운데 스스로 성성존존(成性存存)하는 도의의 문이 열리게 될 것이다. '成性存存'이라 함은 천하의 모든 이치(萬理)와 모든 일에는 다 정연한 도리가 있다는 것을 뜻한다. 이 도리를 지키는 것을 천리를 따름(循天理)이라 하는바, 이 천리를 따르는 것 자체가 바로 '成性存存이 道義의 문'이라는 뜻이다.

第二節 易의 應用

易有四象은 所以示也오 繫辭焉은 所以告也오 定之以吉凶은 所以斷也라

易에 四象이 있음은 易을 이용함에 象을 수시(垂示)하게 하기 위함이요, [이 象에다] 말씀(辭)을 매달아 놓은 것은 易을 이용하는 것을 알리기 위함이요, 吉凶을 정해 놓은 것은 그 卦와 爻에 판결을 내리기 위한 바라.

是故로 夫象은 聖人이 有以見天下之賾하야 而擬諸其形容하며 象其物宜라 是故 謂之象이오 聖人이 有以見天下之動하되 而觀其會通하야 以行其典禮하며 繫辭焉하야 以斷其吉凶이라 是故로 謂之爻니

이러므로 저 象은 성인이 천하의 심오한 이치를 찾아보아 그 모습[形容]을 비기며, 그 사물에 마땅한 것을 본떴느니라[像] 이러므로 象이라 하고,

성인이 천하의 움직임의 뜻을 모아 널리 통할 수 있느냐를 살펴보아서 그 법도에 맞는 禮를 행하며, 말을 부쳐 써 그 길흉을 판단케 한지라 이러므로 爻라 이르니

言天下之至賾호대 而不可惡也며 言天下之至動호대 而不可亂也니

천하의 지극히 심오한 이치를 말했으되 가히 염증을 내지 말아야 하며, 천하의 지극한 변동을 말하되 가히 혼란스럽게 하지 말아야 하니

擬之而後에 言하고 議之而後에 動이니 擬議하야 以成其變化하나니라

비겨본 후에 말하고 따져본 뒤에 움직이나니, 본뜨고 따져보아서 인하여 그 변화를 완성하나니라.

이 글 첫머리에 '역유사상(易有四象)'이라 함은 '음양태소(陰陽太少)'를 이름인데, 건(乾 ☰)은 태양(太陽)의 象이며, 곤(坤 ☷)은 태음(太陰)의 象이며, 진(震 ☳), 감(坎 ☵), 간(艮 ☶)은 소양(少陽)의 象이며, 손(巽 ☴), 리(離 ☲), 태(兌 ☱)는 소음(少陰)의 象이다. 이것은

사물을 관찰하여 상을 취하고 괘를 구하는(觀事與物하고 取象求卦하는) 용법에 해당한다. 만일 점을 치는 경우(卜筮)라면, 태양의 상은 삼기(三奇 곧 三陽)로 보며, 태음의 상은 삼우(三偶 곧 三陰), 소양의 상은 일양이음(一陽二陰 곧 一奇二偶), 소음의 상은 일음이양(一陰二陽 곧 一偶二奇)으로 보아야 한다.

이는 聖人이 제시한바, 점을 치지 않고서 易을 활용하는 방법(不占而用易法)에 있어서는 사물을 관찰하여 상을 취하고 괘를 구하는 응용법의 예시(例示)인데, 독자들은 이 '易有四象'이라 한 데서부터 이하 의물(擬物), 취상(取象), 구괘(求卦) 응용의 예(例)를 제시한 데까지 상세히 고찰해 보기를 바란다.

孔子께서 설명하신 괘상설(卦象說)에 따르면, 건괘와 곤괘는 易의 門이라 하였다. 이 건괘는 三陽괘(老陽의 象)이고, 곤괘는 三陰괘(老陰의 象)이다. 그리고 건은 양물(陽物)이요 곤은 음물(陰物)이라 하였으며, 양괘는 다음(多陰)이라(☳震卦 ☵坎卦 ☶艮卦) 하고, 음괘는 다양(多陽)이라(☴巽卦 ☲離卦 ☱兌卦) 하였는데, 이 다양괘는 소음괘이고 다음괘는 소양괘이다. 이렇게 보면 다음괘(二陰一陽卦)와 다양괘(二陽一陰卦)의 두 상(二象)과 三陽괘와 三陰괘의 두 상(二象)을 모두 합하면 이것이 사상(四象)이 된다.

"易有四象은 所以示也"라 함은 사상의 체상을 사람의 안목으로 볼 수 있도록 도획화해서 이를 象으로 가르쳐 보임을 뜻함이다. "繫辭焉은 所以告也"라 함은 괘나 효 아래에 그 괘 효가 지니고 있는 성정(性情)을 사람이 알 수 있도록 설명해 놓은 글을 말한다(告는 敎示也). "定之以吉凶은 所以斷也"라 함은 그 괘 효의 성정을 설명해 놓은 글 가운데 있는 "원형이정(元亨利貞)", "회린(悔吝)", "무

구(无咎)” 또는 “길흉(吉凶)”과 같은 글이 이미 그 괘 효의 길흉판
단을 명시해 놓았다는 것을 뜻한다. 다음으로 이어지는 “是故로 夫
象”이라고 한 글은 앞글의 “易有四象” 중에서 象 자에 함유되어
있는 의미를 설명하기 위한 것이므로 자세히 보기를 바란다.

“이러므로 저 象은 성인이 천하의 심오해서 찾아보기 어려운 이
치를 찾아보고 그 모습을 易의 卦象과 비겨보아서 그 사물에 마땅
함을 象으로 삼았는지라 이러므로 象이라 하고, 성인이 천하의 움
직임을 보아서 그 모이고 통함을 관찰하여 그 법도를 행하며, 말을
부쳐 그 길흉을 판단함이라. 이러므로 爻라 이르니”(是故로 夫象은
聖人이 有以見天下之賾하야 而擬諸其形容하며 象其物宜라 是故
謂之象이오 聖人이 有以見天下之動하야 而觀其會通하야 以行其
典禮하며 繫辭焉하야 以斷其吉凶이라 是故謂之爻니)

여기 제2절 중의 “是故夫象”이라 한 데서부터 끝줄의 “擬之而
後言”이라 한데까지는 모두 易을 윤리학적으로 응용하는 방법을
제시하고 있는 것이다. 그리고 다음의 제3절에서는 전부가 그 응용
의 예를 제시한 것이다.

‘天下之賾’의 색(賾)에 대해 주자(朱子)는 “색(賾)은 잡란이라(雜
亂也).”고 하였다. 이 잡란이라 하는 것은 천하의 사물(事物)은 일
[事]은 각 일(各 事)대로, 물(物)은 각 물대로 관찰하면 그 나름대로
의 차서가 있으나, 모든 사물을 총체적으로 묶어 놓고 보면 이때에
비로소 잡란(雜亂)으로 보이게 된다. 易에서 이 잡란한 가운데서
찾아보라는 것은 그 보는 사람자신의 목적하는 바를 찾아보라는
것이니 세상의 천만의 사물 가운데서 자신이 목적하는 바 그 사물
을 찾아서 易의 육십사괘의 卦象과 卦名과 卦義와의 합리적 의의

를 색출하는 데 밝게 볼 수 있는 정신이 열려야 하며, 그때에 비로소 易을 응용할 수 있는 힘이 생긴다. 특히 일의 변화하는 상황을 알고자 하면 괘의 괘재(卦才)로서 살펴보아야 할 것이다.

"상기물의(象其物宜)"의 예를 조금이라도 상세히 알고자 한다면, 물류(物類)에 대해서는 설괘전(說卦傳 제11장)을 보고, 사리(事理)에 대해서는 서괘전(序卦傳)을 보면 상지(上智)의 사람은 단번[一見]에 易 전체의 뜻을 얻을 수 있을 것이며, 중지(中智)의 사람은 십 분의 칠 정도는 이해할 수 있을 것이며, 하지(下智)의 재능으로서도 십 분의 삼 정도는 이해할 수 있을 것으로 사료된다.

"천하의 지극히 심오한 이치를 말했으되 염증 내지 말아야 하며, 천하의 지극한 변동을 말했으되 혼란스럽게 하지 말아야 하나니"(言天下之至賾호대 而不可惡也며 言天下之至動호대 而不可亂也니)

타인과 易에 대해서 말을 나눌 경우에, 천하의 심오한 이치를 찾아보기 어렵다 하나 역의 이치를 설명함에 조리가 없는 데에 빠지지 말아야 하며, 천하의 지극한 변동을 말함에 있어서 혼란스럽게 하지 말아야 할 것이다. 다시 말해서 사람이 易을 읽고 나서 그 뜻이 깊어서 찾아보기 어렵다 하여 연구하기를 그만두지 말라는 뜻이며, 아무데나 비겨서 말하지 말라는 뜻이고, 易을 읽고 나서 언행과 움직임에 있어서 어디에서나 사리에 맞지 않는 언동은 하지 말아야 한다는 것이다.

"비겨본 후에 말하고 따져본 뒤에 움직이니, 비겨보고 따져보아서 그 변화를 따라 완성하나니라."(擬之而後에 言하고 議之而後에 動이니 擬議하야 以成其變化하니라) 이에 비겨본 다음에 타인과 易에 대한 말을 하며, 사리 자체를 안 것을 중론에 붙여서 그 타당성을 따져본 후에 행동에 옮겨야 하는 것이다. 역리와 맞고 안 맞음을 의논(議論)해서 변화를 따라 완성한다. 여기의 변화에 관한 설명은 인간행위(人法)에 해당하는 논리이며, '변(變)'은 고치다, '화(化)'는 결재(決裁)한다, 조정한다, 권형(權衡)한다는 뜻이다.

第三節 易應用의 實例(立證)

極天下之賾者는 存乎卦하고 鼓天下之動者는 存乎辭하고

천하의 찾기 어려운 것을 찾는 근본은 괘(卦)에 두어져 있고, 천하의 움직임(動)을 더듬는 것은 사(卦爻辭)에 두어져 있고,

색(賾)은 깊어서 보기 어려운 것을 찾아냄을 뜻하며, 극(極)은 근본(本)을 뜻한다.

聖人이 有以見天下之賾하야 而擬諸其形容하며 象其物宜라 是故로 謂之象이오

성인이 천하의 찾기 어려운 것을 찾아보아 그 모습을 비기며 그 사물에 마땅한 것을 본뜨는지라 이러므로 象이라 이르고,

古者包犧氏之王天下也에 仰則觀象於天하고 俯則觀法於地하되 觀鳥獸之文이 與地之宜하며 近取諸身하고 遠取諸物하야 於是에

始作八卦하야 以通神明之德하며 以類萬物之情하니

옛날의 포희씨가 천하를 다스릴 때 우러러서는 하늘의 형상을 관찰하고 굽어보아서는 땅의 법식을 관찰하되, 조수의 모양새가 땅과 더불어 마땅한가를 관찰하며, 가까이는 몸에서 취하고 멀리는 모든 사물에서 취하여, 이에 비로소 팔괘를 그려서 신명의 덕과 통하며 만물의 정과 비겼으니

作結繩而爲網罟하야 以佃以漁하니 蓋取諸離하고

노끈을 맺어 그물을 만들어 육지의 동물을 사냥하고 물고기를 잡았으니, 대개 저 이괘(離卦)에서 취하였고

包犧氏沒커늘 神農氏作하야 斷木爲耜하고 揉木爲耒하야 耒耟之利로 以敎天下하니 蓋取諸益하고

포희씨가 죽거늘 신농씨가 나와서 나무를 깎아 보습을 만들고 휘어진 나무로 쟁기를 만들어서 쟁기의 이로움으로서 천하를 가르쳤으니 대개 저 익괘(益卦)에서 취하고

日中爲市하야 致天下之民하며 聚天下之貨하야 交易而退하야 各得其所케하니 蓋取諸噬嗑하고

날(日) 중에 장날을 만들어 천하의 백성을 이르게 하며 천하의

재물을 모아서 교역을 하고 물러가 각각 필요한 것을 얻게 하였으니 대개 저 서합(噬嗑)괘에서 취하고

神農氏沒커늘 黃帝堯舜氏作하야 通其變하야 使民不倦하며 神而化之하야 使民宜之하니 易이 窮則變하고 變則通하고 通則久라 是以自天祐之하야 吉无不利니 黃帝堯舜이 垂衣裳而天下治하니 蓋取諸乾坤하고

신농씨 죽거늘 황제, 요, 순씨가 나와서 사물이 변화하도록 통하게 해서 백성으로 하여금 게으르거나 고달프지 않게 하며, 신묘하게 교화해서 백성을 부리되 알맞게 하니,

易이 궁한즉 변하고 변한즉 통하고 통한즉 오래가는지라 이로써 하늘로부터 도와서 길하여 이롭지 않음이 없었으니, 黃帝 堯 舜이 저고리와 치마(衣裳)를 드리우는 것으로서 천하를 다스렸으니 대개 건곤(乾坤)괘에서 취하고

堯와 舜 임금의 천하를 다스린 道에 대하여 논한다면, 堯의 德은 하늘이 세상을 덮은 것과 같고, 舜의 德은 上에서 베푸는 덕을 받들어 下의 백성에게 베풀었으니 그 덕이 땅과 같은지라. 그러므로 乾坤卦에서 취했다 한 것이다.

刳木爲舟하고 剡木爲楫하야 舟楫之利로 以濟不通하야 致遠以利天下하니 蓋取諸渙하고

속을 판 나무로 배를 만들고 날카로운 나무로 노를 만들어 배와
노의 이로움으로써 가지 못하던 데를 건너게 하여 먼 데에 이르러
천하를 이롭게 하였으니 대개 저 환(渙)괘에서 취하고

憂患의 解散에 관한 의의를 논한 것이다.

服牛乘馬하야 引重致遠하야 以利天下하니 蓋取諸隨하고

소를 길들이고 말을 타서(수레를 끌게 하여) 무거운 것을 끌고
먼 곳에 이르게 함으로써 천하를 이롭게 하였으니 대개 저 隨卦에
서 취하고

服은 수레멍에 복, 乘은 수레 승, 車(兩輪)이다.

重門擊柝하야 以待暴客하니 蓋取諸豫하고

문을 겹치고 딱따기를 치게 해서 도적을 대비케 하였으니 대개
저 예(豫)괘에서 취하고

**斷木爲杵하고 掘地爲臼하야 臼杵之利로 萬民이 以濟하니 蓋取
諸小過하고**

나무를 끊어서 절굿공이를 만들고 땅을 파서 절구를 만들어 절
구와 공이의 이로움으로 만민의 소기의 목적을 이루게 하였으니
대개 저 소과(小過)괘에서 취하고

‘濟’는 일 이룰(事遂) 제.

**弦木爲弧하고 剡木爲矢하야 弧矢之利로 以威天下하니 蓋取諸
睽하고**

나무를 휘어 활을 만들고 나무를 깎아서 화살을 만들어 활과 화
살의 날카로움으로써 천하에 위엄을 보이니 대개 저 규(睽)괘에서
취하고

**上古엔 穴居而野處러니 後世聖人이 易之以宮室하야 上棟下宇
하야 以待風雨하니 蓋取諸大壯하고**

상고에는 움집에서 거하고 들에 살더니 후세의 성인이 집으로서
바뀌게 하였으니 기둥을 위로하고 그 아래에 거처하는 집을 만들
어서 바람과 비를 막게 하였으니 대개 저 대장(大壯)괘에서 취하고

棟은 기둥 동.

**古之葬者는 厚衣之以薪하야 葬之中野하야 不封不樹하며 喪期
无數러니 後世聖人이 易之以棺槨하니 蓋取諸大過하고**

옛날 장사는 섶나무로서 두텁게 싸서 들 가운데서 장사 지내며
봉분을 하지 않고 나무를 심지 않으며 복상의 기간이 한정될 수 없
더니 후세에 성인이 관곽으로써 바꾸었으니 대개 저 대과(大過)괘

에서 취하고

上古엔 結繩而治러니 後世聖人이 易之以書契하야 百官이 以治하며 萬民이 以察하니 蓋取諸夬니라

상고에는 노끈을 맺어서 다스리더니 후세에 성인이 글로써 바꾸어 백관이 이로써 다스리며 만민이 살필 수 있게 하였으니 대개 저 쾌(夬) 괘에서 취하니라.

以上의 13卦에 대한 설명은 세간(世間)의 사물(事物)을 관찰하여 그 가운데에서 괘를 취해서 응용(求卦應用)하는 例를 제시한 글이니 심사숙고하기 바란다.

聖人이 有以見天下之動하야 而觀其會通하야 以行其典禮하며 繫辭焉하야 以斷其吉凶이라 是故謂之爻니라

성인이 천하의 움직임을 봄에 있어서 그 모이고 통함을 관찰해서 그 전례를 행하며, 말을 붙여서 그 길흉을 판단하였는지라 이러므로 爻라고 하니라.

爻也者는 效天下之動者也라

효(爻)라는 것은 천하의 움직임을 본받는 것이다.

鳴鶴이 在陰이어늘 其子和之로다 我有好爵하야 吾與爾靡之라 하니 子曰 君子居其室하야 出其言에 善이면 則千里之外應之하나니 況其邇者乎여 居其室하야 出其言에 不善이면 則千里之外違之하나니 況其邇者乎여 言出乎身하야 加乎民하며 行發乎邇하야 見乎遠하나니 言行은 君子之樞機니 樞機之發이 榮辱之主也라 言行은 君子之所以動天地也니 可不愼乎아

우는 학이 그늘에 있거늘 그 새끼가 화답하도다. 우리가 좋은 벼슬자리를 가지고 있어서 내가 너와 더불어 얽혔다 하니, 공자 말씀하시기를 군자가 집에 거해서 그 말을 냄에 착하면, 즉 천 리 밖에서도 응하나니, 하물며 그 가까운 데서랴! 그 방에 거해서 말을 함에 착하지 아니하면, 즉 천 리 밖에서도 어기나니, 하물며 그 가까운 데서랴! 말이 나에게서 나와 백성에게 주어지며, 행실이 가까운 데서 발하여 먼 데서 나타나니, 언행은 군자의 지도리니, 지도리의 움직임이 영욕의 주가 된다. 언행은 군자가 이로써 천지를 움직이는 바니 삼가지 않을 수 있으리오!

'陰'은 음침할 음(보이지 않는 곳). 이 효사는 中孚卦의 二爻辭이다.

同人이 先號咷而後笑라 하니 子曰 君子之道 或出或處或默或語이나 二人이 同心하니 其利斷金이로다 同心之言이 其臭如蘭이로다

사람과 함께함이 먼저는 부르짖어 울고 뒤에는 웃는다 하니, 공자 말씀하시기를 군자의 도가 혹 나가고 혹 처하고 혹 침묵하고 혹 말하나, 두 사람이 마음을 같이하니 그 날카로움이 쇠를 끊도다. 두 사람이 한마음으로 하는 말은 그 향기가 난초와 같도다.

이 효사는 同人卦의 九五爻辭이다.

初六藉用白茅이니 无咎라 하니 子曰 苟錯諸地라도 而可矣어늘 藉之用茅하니 何咎之有리요 愼之至也라 夫茅之爲物이 薄而用은 可重也이니 愼斯術也하야 以往이면 其无所失矣리라

초육은 깔 자리를 흰 띠(茅)로써 쓰니 허물이 없다 하니, 공자 말씀하시기를 그냥 땅에 놓더라도 되거늘 띠를 써서 까니 무슨 허물이 있으리오. 지극히 삼감이라. 흰 띠란 사물은 하찮은 것이나 쓰임에는 소중히 여기니 이 방법으로 삼가서 행하면 잘못되는 바가 없으리라.

이 효사는 大過卦의 初爻辭이다. 또 이 글은 祭祀時의 茅沙를 뜻한다.

勞謙이니 君子有終이니 吉이라 하니 子曰 勞而不伐하며 有功而不德이 厚之至也이니 語以其功下人者也이라 德言盛이요 禮言恭이니 謙也者는 致恭하야 以存其位者也이라

수고로운 일을 하고도 겸손한 태도를 가지니 군자가 마침이 있음이니(終을 둠이니) 길하다 하니, 공자 말씀하시기를 수고로워도 자랑하지 아니하며, 공이 있어도 덕으로 여기지 않는 것은 지극히 후덕한 것이니, 공이 있으면서도 남의 아래에 낮춤을 말함이라. 덕은 성대해야 하고 예는 공손해야 하나니 겸손하다 하는 것은 공손하게 해서 그 자리를 보존하는 것이다.

이 효사는 謙卦의 三爻辭이다.

亢龍이니 有悔라 하니 子曰 貴而无位하며 高而无民하며 賢人이 在下位而无輔이라 是以動而有悔也니라

올라가기를 지나치게 한 용이니 후회가 있다 하니, 공자 말씀하시기를 귀하여도 자리가 없으며, 높아도 백성이 없으며, 어진 사람이 하위에 있어도 도움이 없는 격인지라. 이럼으로써 움직이어서 후회가 있느니라.

'亢'은 자기 스스로 높일 항(自尊). 이 효사는 乾卦의 上九爻辭이다.

不出戶庭이면 无咎라 하니 子曰 亂之所生也 則言語以爲階니 君不密則失臣하며 臣不密則失身하며 幾事不密則害成하나니 是以君子 愼密而不出也하나니라

문틀을 나가지 아니하면 허물이 없다 하니, 공자 말씀하시기를 혼란이 일어나는 것은 곧 말이 사다리가 되는 것이니 임금이 모든 생각을 면밀히 하지 아니하면 신하를 잃으며, 신하가 주밀히 하지 않으면 자신을 잃으며, 일을 살피는 데 주밀히 하지 아니하면 해가 되나니, 이로써 군자가 삼가고 주밀해서 나가지 아니하니라.

‘幾’는 살필 기(察)이다. 이 효사는 節卦의 初九爻辭이다.

子曰 作易者其知盜乎인져 易曰 負且乘이라 致寇至라 하니 負也者는 小人之事也오 乘也者는 君子之器也니 小人而乘君子之器라 盜思奪之矣며 上을 慢코 下를 暴라 盜思伐之矣니 慢藏이 誨盜며 冶容이 誨淫이니 易曰 負且乘致寇至라 하니 盜之招也라

공자 말씀하시기를 易을 지은이는 그 도적을 알음인져! 易에 말하기를 지고 또 타는지라 도적이 이르게 되나니, 지는 것은 소인의 일이요 타는 것은 군자의 도량이니, 소인이 군자의 기물을 탄지라 도적이 빼앗을 것을 생각하며, 위에 만홀(漫忽)히 하고 아래에 사납게 구는지라 도적이 칠 것을 생각하니, 태만히 간수하는 것이 도적을 가르치는 것이며, 얼굴을 단장하는 것이 음탕함을 가르치는 것이니 易에 말하기를, 지고 타는지라 도적이 이르게 된다 하니 도적을 부름이라.

이 효사는 解卦의 六三爻辭이다.
以上의 7爻의 辭說은 효사의 응용례를 제시한 글이니 심사숙고하기 바란다.

第四章 宇宙自然攝理의 本原과 體而用之

이 제4장의 首題는 '天地之數'이다. 그 數는 天一, 地二, 天三, 地四, 天五, 地六, 天七, 地八, 天九, 地十이다. 이 數에 대하여 朱子는 그의 '本義'에서 "此簡 本在十章之首 程子宜在此 今從之"라 하고, 다음 글 '天數五 地數五'라 한 데서도 "此簡 本在大衍之後 今按宜在此"라 하였다. 이 글 중에서 "此簡 本在十章之首"라 한 것은 그 本이 여기 글의 '天一, 地二'라는 문단의 머리글(首文)을 지적한 것이다. 이 글이 이왕에는 下文의 '參伍以變'이라는 글의 前前文에 있었으나, 본 改修編에서는 古文과 같이 이 '天地之數'의 두 문단은 '參伍以變'이라 한 글 앞에 있어야 옳다고 생각한다. 그 이유는 다음 글 "參伍以變하야 錯綜其數라 通其變하야 遂成天地之文하며 極其數하야 遂定天下之象이라." 한 문장이 앞글 '天地之數'로 인해서 서술되었다고 보았기 때문이다.

그리고 이 '參伍以變' 문단의 끝머리에 "非天下之至變이면 其孰能與於此리오"에서부터 다음 "非天下之至神이면 其孰能與於此리오", "非天下之至精이면 其孰能與於此리오", "知以藏往하나니 其孰能與於此리오" 하는 이 넷(四)의 '與於此' 중의 순서는 어떻게 되는가 하는 점에 대해서 改修者로서는 그 순서를 變, 神, 精, 知以藏往으로 보고 그 순서를 정하였다. 그러다 보니 이 '參伍以變'이라는 글을 '天地之數' 다음 첫 번째로 하고, 그 다음을 '易无思也' 그 다음은 '是以君子將有爲也' 다음에 '是故로 著之德은 圓而神 云云'한 글로 이었는데 이 글은 이왕에는 제11장 제2문단이었으나 이리로 옮기었다. 그리고 다음으로 "子曰 知變化之道者 其知神之所爲乎"로 이 제1절의 끝을 맺었다. 이 '神之所爲'라는 글은 이왕에는 제8장 끝마무리에 있었던 것이다.

다음 제2절의 수제문은 "夫易은 聖人之所以 極深而研幾也", "唯深也故로 能通天下之志" 운운으로 이어지는데, 이 글은 이왕에는 제10장 말미 앞에 있는 두 문단이던 것을 이리로 옮긴 것이다. 이어서 "是以明於天之道" 운운한 글은 이왕에는 11장에 있던 글이며, 다음 "是故로 天生神物" 운운한 글은 이왕에는 11장 말미 앞에 있던 것을 이리로 옮기었다. 다음 "易有聖人之道四焉" 운운한 글이 이왕에는 제10장의 수문이었는데 이리로 옮기고, 이어서 후속사로서 이왕에 10장 말미에 있던 "子曰 易有聖人之道四焉者 此之謂也"로 이 이절의 끝을 맺었다.

다음 제3절의 수재문은 "子曰 夫易은 何爲者也오. 夫易은 開物成務하나니 冒天下之道 如斯而已者也 云云"으로 하였는데, 이 글은 이왕에는 제11장 수문이었다. 다음 후속사로서 "是故로 闔戶를 謂之坤 云云" 이하의 글로 하였으며, 다음에 이왕에 12장 중에 있었던 글 "是故로 形而上者 謂之道 云云"한 문단을 이리로 이었다. 다음으로 이왕에 12장 말미에 있던 글 "化而裁之는 存乎變 云云"한 글로 앞글과의 문맥을 이었다. 다음은 이 3절의 머리글 "冒天下之道 如斯而已者也"라는 글을 본으로 해서 "是故로 法象은 莫大乎天地 云云"한 글로 이 제4장의 끝을 맺었다. 이 "法象은 莫大乎天地 云云"한 글은 이왕에는 11장에 있던 글로서 그 말미에 "成天下之亹亹者 莫大乎蓍龜하니라."로 되어 있다.

여기 이 제4장 제2절의 글 가운데에는 '大衍數'의 本인 河圖에 대하여 "河出圖 洛出書"라는 글이 있으며, 위의 "莫大乎蓍龜"라 하는 蓍龜와 河圖라는 글을 배경으로 하여서 다음의(제5장) 大衍數章이 있게 되었다고 보았다. 그러므로 본서에서는 大衍數章을 繫辭上傳의 마지막 章으로 개수하였다.

第一節 宇宙自然攝理의 運行과 蓍 및 卦德

天一 地二 天三 地四 天五

地六 天七 地八 天九 地十이니

天數五요 地數五니

五位相得하며 而各有合하니

天數 二十有五요 地數 三十이라

凡天地之數 五十有五니

此所以成變化하며 而行鬼神也라

'行鬼神也'의 '行'은 '流行', '爲', '使'의 뜻과 같다.

天의 수 一, 地의 수 二, 天의 수 三, 地의 수 四, 天의 수 五, 地의 수 六, 天의 수 七, 地의 수 八, 天의 수 九, 地의 수 十이니, 하늘의 수가 다섯이요 땅의 수가 다섯이다. 다섯 자리가 서로 어울리며 각각 합함이 있으니 하늘의 수가 二十五요, 땅의 수가 三十이라.

무릇 천지의 수가 五十이요 또 五니 이것이 써 변화를 이루며 귀신을 행하게 하는 바라.

이 수(數)에는 음양이 있는데, 천수는 양수이고 지수는 음수이다. 또 수에는 오행(五行)이 있는 데, 一과 六은 水, 二와 七은 火, 三과 八은 木, 四와 九는 金, 五와 十은 土이다.

‘五位에 相得’이라 함은 天地 중에는 우주를 운행하는 기국(氣局) 곧 陰陽二氣와 五行이 있는바, 이 기국에는 天이 물체(龍馬)를 이용해서 세상 사람에게 알려준바 河圖와 洛書가 있다. 이에 河圖에 나타나 있는 수가 곧 운행기국수(運行氣局數)이며, 이 기국수는 천지의 수가 다섯 방위로 분포되어 있으며, 이 五方位는 北, 南, 東, 西, 中央의 순서로 되어 있으며, 이 오방위에 분포되어 있는 수가 천수가 먼저 있으면 지수가 뒤따라 있고, 지수가 먼저 있으면 그 뒤에 천수가 따라 있으므로 이를 일러서 ‘五位相得’이라는 것이다. 이 오위의 相得數는 河圖를 보면 알 수 있을 것이다. ‘而各有合’의 이 ‘各’ 자는 천수와 지수를 가리킨 것, 그러므로 아래 글에 天數 二十有五요 地數 三十이라 한 것이다.

“此所以成變化하며 而行鬼神也라.” 함은 天地 氣局에는 陰陽과 五行이 있으며, 이 음양오행이 순환함으로 인해서 천하의 만물이 수시로 變하고 化하는 까닭이다. 또한 만물 그 자체가 각각 태어나고(生成하고) 사라지는(死藏하는) 命이 있는데 이것이 바로 ‘成變化 行鬼神’이다.

그리고 河圖 數에는 一과 六이 水요, 二와 七이 火요, 三과 八이 木이며, 四와 九가 金이요, 五와 十이 土인데 이를 일러서 五行이라 한다. 그리고 洛書라는 수가 있는데 正北方에는 一, 西南

間에는 二, 正東方에는 三, 東南間에는 四, 中央에는 五, 西北間
에는 六, 正西方에는 七, 東北間에는 八, 正南方에는 九로 되어
있다. 또 이 河圖와 洛書의 수는 그 포국(布局)이 相生(하도)과 相
剋(낙서)의 수로 되어 있으니 상생의 수는 천하 만물을 자생(自生)
하게 하고 상극의 수는 만물을 성수(成遂)하게 하는 것이다.

    參伍以變하며

    錯綜其數하야

    通其變하야 遂成天地之文하며

    極其數하야 遂定天下之象하니

    非天下之至變이면 其孰能與於此리오

참오로써 변화를 이루고,

그 수를 이리저리 뒤섞어 버무림으로써

그 변화를 통하여 드디어 천지의 현상을 이루며,

그 수를 다해서 드디어 천하의 형상을 정하나니,

천하의 지극한 변(變)이 아니면 그 누구라서 능히 이에 미치리
(及)오.

"參伍以變하며 錯綜其數하야 通其變하야" 여기 '參' 자는 이
글에서는 音을 '삼'과 '참'으로 병합해서 보아야 한다. 그것은 이
자가 三이라는 수의 뜻과 參(참)이라는 뜻 곧 우주 안에 빈틈이 없
이 빽빽하게 서서 가지런하지 않는 모양의('密密叢立밀밀총립 參
差不齊참치부제') 뜻이 아울러 있기 때문이다.

'伍'자 또한 數字이며 五의 뜻이 있는데 自然 중의 성질(특성)이 다섯으로 되어 있음을 뜻한 字로서 人(성질인)변에 五字를 더한 이유이다. 이 우주 안에 빈틈이 없이 빽빽하며 가지런하지 않은 陰陽 二氣와 또 성질이 각각 다른 五行이 변화를 이루며, 그 수가 좌우 또는 상하로 버무려지고 뒤섞임을 통하여 드디어 천지의 현상을 이룬다.

"遂成天地之文하며 極其數하야 遂定天下之象하니" 여기 '天地의 文'이라 함은 天에 매달린 日月星辰(天文)과 地에 붙어 있는 水火土石(地文), 그리고 천지 가운데 있는 인류와 금수 및 곤충의 類도 또한 모두 천지의 文(현상)에 해당한다. 그 數를 근본(極)으로 하여 드디어 천하의 象을 정한다 함은 천지의 가운데에 만물이 있게 되었음을 뜻한다.

> 易은 无思也하며 无爲也하야
> 寂然不動이라가 感而遂通天下之故하나니
> 非天下之至神이면 其孰能與於此리오
>
> 易은 생각함도 없으며 하려고 함도 없어서
> 고요히 움직이지 아니하다가
> 어떤 일에 느껴서 드디어 천하의 연고를 통하나니,
> 천하의 지극히 신묘함이 아니면
> 그 누구라서 능히 이에 미치리(與及)오.

이 글머리의 '易' 자의 뜻은 과연 무엇인가? 그것은 이 글의 말미에 '至神'이라 한 神자가 있으며 이 神은 바로 '變易' 그 자체를 뜻한다. 이 계사전(繫辭傳)에서 易을 神과 연관시키어 그 뜻을 설파한 것은 이 글의 '非天下之至神'이라 한 것이 처음인바, 이를 볼 때에 易 자에는 "음양을 헤아릴 수 없음을 일러 신(陰陽不測之謂神)"이라 한 神의 대명사적 의의가 있다. 또한 사람에 적응시켜서 말하면 神明이라는 뜻이 있다. 그러나 神이란 太元的인 측면에서 보면 天神이요, 卜筮的인 측면에서 보면 시초(蓍草) 오십 가지(五十莖)로 복서하는 데 쓰이는 기구인 시책(蓍策) 五十莖(蓍草)도 또한 神이며, 사람이 마음(心)을 喜怒哀樂 未發之中의 경지에 자리하였다면 이 심령의 神도 易의 神과 같은 神으로 볼 수 있을 것이다. 또 易 자를 사전에서 상고하면 易의 뜻은 태허무형(太虛無形)함 곧 神의 妙用의 원리를 뜻함을 말한 것이라 하였다.

"感而遂通天下之故"(어떤 일에 느껴서 드디어 천하의 연고를 통하나니) 여기서 '感'이라 함은 사람이 무의식중에 갑자기 어떠한 일(大小事)을 당할 때에 그 마음속으로 감촉을 받는 것을 일러 感이라 하는 것이며, 보편적으로 말하면 사람이 일상생활에서 듣고 보는 것도 일종의 感이다. "遂通天下之故"라 함은 어떤 일에 임해서(臨事) 감촉을 받았으나 다시 정신을 차려서 보면 그 일을 알 수 있는 것과 같은 것이다.

卜筮할 경우에 "感而遂通天下之故" 하는 感은 感함과 동시에 未來를 눈으로 보듯이 알게 됨을 말한다. 그리고 聖人의 경지로서 "感而遂通天下之故" 하는 感은 太虛無形(神의 妙用의 원리를 뜻함)에서 感하는 것과 같아 이는 바로 "易은 无思也하며 无爲也하야 寂然不動이라가 感而遂通天下之故하나니"와 동일한 感일 것이다. 그러므로 글의 끝말에 "천하의 지극한 신묘함이 아니면 그 누구라서 능히 이에 미칠 수 있으리오(非天下之至神 其孰能與於此)."라고 한 것이다.

是以君子 將有爲也하며 將有行也에
問焉而以言하거든 其受命也 如響하야
无有遠近幽深히 遂知來物하나니
非天下之至精이면 其孰能與於此리오

이럼으로써 군자가 장차 할 일이 있거나 장차 갈 일이 있을 제에 물으려(問卜) 하여 써 말을 하거든,
그 命을 받음이 메아리가 울리는 것 같아서, 멀고 가까움과 어둡고 깊숙함에 관계없이 드디어 오는 사물을 알게 되나니, 천하의 지극히 전일한 정신이 아니면 그 누구라서 능히 이에 미치리오.

이 글은 복서(卜筮)하는 데 그 중점을 둔 것인바, 이 복서에는 시초(蓍草)로 占하는 것이 그 주된 뜻이다. 여기 上文의 "非天下之至變"(變은 變通), "非天下之至神"(神은 神明), "非天下之至精"(精은 精神)이 아니면 "누가 이에 미칠(及)수 있으리오. 곧 미리 알 수 있으리오(預知)."라고 한 것은 평범한 우리 인간으로서는 거의 불가능한 일(事案)이라 할 것이며, 오직 신통력을 가진 사람만이 할 수 있는 일이다. 그러므로 다음 글에서는 시초(蓍草, 神草)라는 신물(神物)을 빌려서 인간의 불가능을 가능으로 바꾸도록 한 것이 易의 용법인 것이다. 다음 글을 보라.

是故로 蓍之德은 圓而神이요

卦之德은 方以知요

六爻之義는 易以貢이니

聖人이 以此로 洗心하야 退藏於密하며

吉凶에 與民同患하야 神以知來코 知以藏往하나니

其孰能與於此哉리오

古之聰明叡智神武而不殺者夫인져

이런 연고로 시초의 덕은 둥글면서 신령스럽고,

괘의 덕은 떳떳하면서도 슬기롭고,

육효의 의의는 변화를 통해서 알리나니,

성인이 이로써 마음을 씻어서 물러나 은밀한 데 감추며,

길흉에 백성과 더불어 같이 근심하여

신명으로써 올 것을 알며 슬기로써 지나간 일을 갈무리하나니

그 누구라서 능히 이에 미치리오.

다만 옛날의 총명하고 예지가 있고 신명이 강하여 어수선하지

아니하였던 분인져.

이러므로 시초의 德(능력)은 원만하고 신령하며, 卦의 德은 반듯
하면서도 슬기롭고, 六爻의 의의는 易(書名)으로써 알려주는 것이
다. 이에 聖人이 卜筮에 대하여 이 글에서 설명한 바와 같이 사람
의 지혜로서는 미칠 바가 아니므로 이 복서의 본원적인 의의를 의
식해서 이로써 마음을 씻어 마음의 은밀한 데(정신의 本源處 곧
만 가지 思念의 본 원처)에 감추며, 吉함과 凶함에 백성과 더불어

근심을 같이하는 것이다. 신명으로써 오는 것을 알고 슬기로써 지나간 일을 수습토록 하니 누구라서 능히 이에 미칠 수 있을 것인가. 다만 옛날의 총명하고 예지가 있고 神武(신명이 건전)하여 不殺者夫(어수선하지 아니하였던 분)이다.

子曰 知變化之道者 其知神之所爲乎인져

공자 말씀하시기를 변화의 도를 아는 이는 그 신명이 하는 바를 알 것이다.

"其知神之所爲乎"의 神은 "陰陽不測之謂神"의 神이다. 위의 글 가운데, '參伍以變' 이하와 '易无思也' 이하 '是以君子將' 이하 '是故蓍之德' 이하의 四단의 문의는 그 意義가 인간으로서는 행할 수 없는 神道이다.

그러므로 마지막 句文에 "변화의 도를 아는 이라야 그 신명이 하는 바를 알 것이다." 한 것이니 이 천지변화의 道와 卜筮로서 천하의 일(事)을 능히 알 수 있는 것은 聖人이거나 아니면 神界와 통할 수 있는 능력을 가진 자라야만이 알 수 있다는 것이다.

第二節 聖人의 易體得과 用의 뜻

大易은 聖人之所以極深而研幾也니
唯深也故로 能通天下之志하며

唯幾也故로　能成天下之務하며

唯神也故로　不疾而速하며　不行而至하나니

저 易은 성인이 (생각해서 만들 적에) 깊은 이치를 연구하고 살펴 바이니

오직 깊이 연구한 고로 (易에 의하여) 능히 천하의 뜻을 통할 수 있으며,

오직 (움직임의 기미를) 다 살핀 고로 (易에 의하여) 능히 천하의 일을 이룰 수 있으며,

오직 신령스러운 고로 달려가지 않아도 빠르며 가지 아니해도 (목적지에) 이르나니

이 글 중에서 唯深, 唯幾, 唯神의 세 가지 언설은 보통 사람의 재능으로서는 不可思議한 논리이다. 그러하나 易이란 그 뜻이 앞으로 올 일(來事)과 어려운 일(難事)을 해결하자는 데 있으므로 來事와 難事를 아는 데는 보통사람이라도 神이 하는 바를 제외하고는 거의 알 수 있다. 이 방법은 여기 설명한 바와 같이 정성을 다하여 깊게 궁진토록 연구하고 자세히 살피는 곧 '極深而硏幾'하는 功을 들여서 하면 대체로 事理에 的中하는 것이다. 그러나 이 방법을 알지 못하면 역시 불가능이다. 이 極深而硏幾의 방법을 찾는 데에는 易學工夫를 극심하게 해서 精義入神(神은 마음의 靈神)해야만 가능한 것이다. 人間世事에 사람으로서 해야 할 事案은 사람이 하려는 그 자체가 모두 義理에 해당하지 않음이 없으므로 사람이 의리에 명철한 군자가 되면 天下事를 逆理로 행하는 일이 없도

록 끝을 맺을 것이다.

　是以明於天之道而察於民之故하야
　是興神物하야 以前民用하니
　聖人이 以此齋戒하야 以神明其德夫인져

이러므로 하늘의 도를 밝히고 백성의 사정을 살피도록 하기 위하여 神物(蓍草)을 일으켜서 (형상물로 삼아서) 백성이 앞일을 알려는 데 쓰게 하였으니, 성인이 이로써 재계하여 그 덕(행위)을 신명스럽게 하였다.

‘是興神物’은 蓍草로 만든 算策 곧 大衍數를 形狀物로 만들어서 백성이 앞일(前途)을 알려는 데 쓰게 하였다 하는 것과 성인이 ‘是興神物하야 以前民用’하는 意義를 염두에 두고, 몸과 마음가짐을 깨끗이 정성껏 하는 것 곧 ‘以此齋戒’하여 이로써 그 德 곧 行爲를 神明케 함인져 하였는바 이 神物에 의하여 미래의 일을 아는 것과 어려운 일을 미리 아는 것이 얼마나 힘든 일인지를 알 수 있을 것이다.

이에 占筮에 대해서 필자로서 한마디 말을 붙이고자 한다. 지금 세상에 占筮하는 사람들이 있어서 더러는 그 점이 맞고(或中), 더러는 맞지 않는다(或不中). 이러한 점술행위는 보통사람들은 할 수 있는 일이지만 君子는 행할 일이 못 된다. 君子란 一言一動의 미세한 일도 義理에 맞지 않는 행동을 하고 나면 그 일을 오래두고 후회한다 해도 과언이 아닐 것이거늘 하물며 重大事야 말할 것도 없지 않겠는가. 또는 군자 자신의 행위에 대해서도 이같이 하는데 하물며 남의 일 곧 利害가 따르는 일들에 대하여는 말할 것도 없지 않겠는가. 그러므로 군자는 占筮는 특별한 일을 제외하고는 알아도 하지 않고 알지 못해도 하지 않는 것이다. 모름지기 군자는 사람에게 어려운 일이 닥치면 ‘修人事待天命’이라는 말과 孔子께서 論語에 ‘不占而已’라 한 말씀을 명심할 일이다.

是故로 天生神物이어늘 聖人이 則(用)之하며

天地變化이어늘 聖人이 效之하며

天垂象하야 見吉凶이어늘 聖人이 象之하며

河出圖하며 洛出書이어늘 聖人이 則(用)之하니

이런고로 하늘이 神物을 내시었거늘 성인이 이를 (神에 의지하여 기구를 만들어) 본받아 썼으며, 천지가 變하고 化하거늘 성인이 본받았으며, 하늘이 때로 상징을 드리워서 吉兆와 凶兆를 나타내 보이거늘 성인이 이를 본뜨며, 河水에서 河圖가 나오고 洛水에서 洛書가 나오거늘 성인이 이를 본받아 쓰니라.

이 글 중에 “天生神物이어늘 聖人이 則之”의 則字는 ‘以’의 뜻이며 ‘以’는 ‘用’의 뜻이 있으므로 用之로 풀이한다.

“河出圖하며 洛出書”(河水에서 河圖가 나오고 洛水에서 洛書가 나오거늘)의 河圖와 洛書에 대해서는 朱子의 “易本義”에 명확히 圖面化되어 있으므로 참고하기 바란다.

易有聖人之道 四焉하니

以言者는 尙其辭하고

以動者는 尙其變하고

以制器者는 尙其象하고

以卜筮者는 尙其占하나니

子曰 易有聖人之道四焉者 此之謂也라

易에 성인의 도가 넷 있으니,

말을 하려는 자는 그 (언어의) 修辭를 숭상하고,

행동하려 하는 자는 그 (動하되 어떻게) 변하여야 하느냐함을 숭상하고,

기물을 지으려 하는 자는 그 모형을 숭상하고,

복서를 하는 자는 그 占을 숭상하나니라.

공자 말씀하시기를,

易에 성인의 도가 넷이 있다고 한 것이 이것을 이름이라 하시었다.

'以'는 할(爲) 이로 해석한다.

第三節 結語의 辭

子曰 夫易은 何爲者也오

夫易은 開物成務하나니 冒天下之道 如斯而已者也라

是故로 聖人이 以通天下之志하며 以定天下之業하며

以斷天下之疑하나니라.

공자 말씀하시기를, 대저 易은 무엇을 하는 것인가?

저 易은 사물을 열고(開始), 그 사물의 직무를 이루나니 천하의 도를 빌림(假借)이 이와 같다 할 따름(뿐)인지라.

이런 까닭으로 성인이 易으로써 천하의 사람이 품은 뜻을 통하며 써 천하의 사업을 정하며 써 천하의 의심을 판별하느니라.

'冒'는 빌릴(借, 假) 모.

공자께서 이 글 첫머리에 "易이라 함은 무엇이 어찌 됨을 이름인가?" 하는 문제를 먼저 제시하고, 易은 천하의 事物을 열게(開始) 하고 마음먹고 하는 일을 이루게 하였으니 그 도를 빌림(假借)이 이렇다 할 따름이라 하시니 그 도는 가히 천하를 덮을 만하다고 설파하고, 이러므로 성인이 易으로써 천하의 사람이 품은 뜻을 통하며 천하의 사업을 정하며 천하의 의심나는 것을 의심이 없도록 판별을 짓는다고 말한 것이다.

是故로 闔戶를 謂之坤이오

闢戶를 謂之乾이오

一闔一闢을 謂之變이오

往來不窮을 謂之通 이오

見을 乃謂之象이오

形을 乃謂之器오

制而用之를 謂之法이오

利用出入하야 民咸用之를 謂之神이라.

이런 까닭으로 문을 닫는 것을 坤이라 이르고,

문을 여는 것을 乾이라 이른다.

한 번 닫고 한 번 여는 것을 變이라 이르고, 가고 오는 데 궁하지 아니한 것을 通이라 하고,

나타난 것을 象이라 이르고, 형체를 器라 이르고,

지어서 쓰는 것을 法이라 이르고,

나고 들 적에 씀(用)을 편리하게 하야 백성이 다 쓰는 것을 神이라 이른다.

이 글은 앞글의 設問에 대한 답으로서 쓴 것이다. '闔戶와 闢戶'는 우주를 하나의 家屋에 비유해서 말한 것이다. 한 번 닫고 한 번 여는 것을 變이라 이르고, 가고 오는 데 궁하지 아니하는 것을 通이라 한다.

"見을 乃謂之象이오"(나타난 것을 象이라 이르고) 이 말의 뜻은 어떤 사물이 그 實體가 보통사람의 눈으로는 보려야 볼 수 없고 다만 무슨 모양새만 나타내 보이는 것을 象이라 이른다. "形을 乃謂之器오"(형체를 器라 이르고), "制而用之를 謂之法이오"(지어서 쓰는 것을 法이라 이른다) 함은 곧 무엇인가 제도적으로 만들어 쓰는 것을 法이라 이른다는 것이며, "制而用之謂之法"의 말뜻과 같이 卜筮法도 이와 같으며 그 방법이 또한 수다하게 많은 것이다.

"利用出入하야 民咸用之를 謂之神이라." 한 여기 '神' 字는 世間의 易理 안에서 행하여지는 意義를 하나의 名辭로서 표현한 글자라고 생각된다. 잘 생각해 보아야 할 문제이다.

是故로 形而上者를 謂之道오

形而下者를 謂之器오

化而裁之를 謂之變이오

推而行之를 謂之通이오

擧而措之天下之民을 謂之事業이라

이러므로 형체 너머에 있는 것을 道라 이르고,

형체 아래에 있는 것을 器라 이르고,

화하여 조절하는 것을 變이라 이르고,

미루어 행하게 하는 것을 通이라 이르고,

일(事)을 일으켜 천하의 백성에 베푸는 것을 事業이라 이른다.

여기의 形 자는 앞글에서 “形을 乃謂之器요”의 形의 뜻과 같은 것이다. 이 形자를 기본으로 하여 그 아래에 “形而上者를 謂之道요 形而下者를 謂之器요”(형체 너머에 있는 것을 道라 이르고, 형체 아래에 있는 것을 器라 이른다 하고)

이어서 “化而裁之를 謂之變”이라 한바 化而裁之라 함은 天地의 道를 본받아서 사람이 여러 가지 일들을 道理에 준하여 재량껏 변경해서 사용하는 것을 뜻한다.

“推而行之를 謂之通이오”(미루어 행하게 하는 것을 通이라 이른다) 여기의 推而行之라 함은 천지의 도를 미루어 그 법에 맞도록 행동에 옮김을 通이라 이른다는 뜻이다.

“擧而措之天下之民을 謂之事業이라.” 일을 펼쳐서 천하의 백성에 베푸는 것을 事業이라 이른다 함은 天道의 時勢에 마땅한 여러

가지 사업을 일으켜 천하의 민중에게 시행하여 그 업적을 남김을
사업이라고 한다는 뜻이다.

化而裁之는 存乎變하고
推而行之는 存乎通하고
神而明之는 存乎其人하고
默而成之하며 不言而信은 存乎德行하니라

화하여 조절하는 것은 변하는 데 달려 있고,
미루어서 행하게 하는 것은 통하는 데 달려 있고,
신(재능)으로서 밝히는 것은 그 사람에 달려 있고,
조용히 이루고 말없이도 미더운 것은 덕행에 달려 있느니라.

‘化而裁之’라 함은 그 근본을 變體시키는 데 그 뜻이 있고, ‘推
而行之’의 뜻은 모든 일을 통해서 알고 하는 데 있고, ‘神而明之’
는 神明으로 그 일 자체를 밝히는 것은 그 사람의 度量에 있으며,
‘默而成之하며 不言而信’이라 함은 잠자코 있으면서도 자신이 목
적하는 일을 이루며, 말을 하지 아니하여도 다른 사람이 그 사람을
믿음은 德을 행함에 있다는 것이다.

위의 두 단의 글은 과연 어떤 뜻에서 쓴 것인가? ‘形而上者를
謂之道’라 한 그 以上은 自然의 이치에 속하는 관계이므로 天道
에 붙여두고, ‘形而下者를 謂之器’라는 데서부터 그 아래의 설명
은 人道에 붙여 설명한 것이므로 사람이 易을 공부하려는 것은 天
道를 알아서 인류사회에 펴는 도리를 천리에 맞도록 펴기 위한 것

이므로 變 자, 通 자를 반복하여 설명함과 동시에 心神說까지 곁
들여서 설명하고 있는 것이다.

    是故로 法象이 莫大乎天地하고

    變通이 莫大乎四時하고

    縣象著明이 莫大乎日月하고

    崇高 莫大乎富貴하고

    備物하며 致用하며 立(象)成器하야

    以爲天下利 莫大乎聖人하고

    探賾索隱하며 鉤深致遠하야

    以定天下之吉凶하며

    成天下之亹亹者 莫大乎蓍龜하니라

    '亹'는 그윽할 미, 아름다울 미

이러므로 본뜬 象이 천지보다 더 큰 것이 없고,

변하여 통하는 것이 四時보다 더 큰 것이 없고,

형상을 드러내 밝음을 나타내는 것이 일월보다 더 큰 것이 없고,

숭고하기가 부귀보다 더 큰 것이 없고,

물건을 갖추어서 쓰도록 하며 象을 세워 기물을 만들어 천하를
이롭게 함이 성인보다 더 큰 것이 없고,

깊은 이치를 탐구하고 (혹은 난잡한 것을 더듬고) 은미한 것을
찾으며 깊이 있는 것을 낚고 원대한 데까지 이르러서 써 천하의 길
흉을 정하며 천하에 그윽하면서 아름다움을 이루는 것은 시구(蓍
龜)보다 더 큰 것이 없느니라.

卜筮의 揲著法을 創案해 낸 근원이 이 章에 있음을 상고하기
바란다.

第五章 大衍數 및 神人의 通念

제5장은 大衍數(대연수) 章이다. 제1절 머리글에 "大衍之數五十
이니 其用은 四十有九라 云云"한 글 중의 '大衍之數 五十'이라
함은 河圖의 數에서 중앙의 수 五와 十을 취하여 이 數를 五十으
로 확대한 데에 기인한다. 곧 小數를 大數로 늘렸으므로 大衍이라
한 것이며, 또한 卜筮에서 五數와 十數를 用數로 함은 이 수가 五
는 陽土이고 十은 陰土이며, 土德은 信에 속하는 것이다. 그러기
에 卜筮에서 信을 가진 五와 十을 用으로 하는 것은 信念을 本으
로 하는 데 뜻이 있다.

'大衍之數 五十'이라 함은 또한 卜筮用 算策(산가지)數를 지칭
하는 것인데, 이 산가지 五十은 그 재료가 著草라는 풀대궁(藁屬
類)이며, 시초라는 풀이 잘 자라면 한 포기에 약 百쪼이 올라온다
고 한다. 이 著草는 神과의 관계가 있는 풀로서 일명 神草라고도
한다. 그리고 著草(시초)라는 풀은 어느 지역 한곳에 항상 나는 것
이 아니라 예를 들면 작년에는 나왔는데 금년에는 나지 않기도 하
며, 시초라는 풀 밑에는 거북이가 있다는 전설도 있다.

그리고 이 大衍數의 用을 著策으로 한 것은 앞의 제4장 끝머리
글에 "成天下之亹亹者 莫大乎著龜하니라" 한 '著龜'에 연유한 것

이다. 이 大衍數章은 이왕에는 제9장에 있었던 것을 본 개수 편에
서는 제5장으로 편수하였다.

다음 제2절의 "顯道하야 神德行이라 是故로 可與酬酌하며 可與
祐神이니라." 한 글은 이왕의 大衍數 장에 있는 글이며, 그 후속문
으로 "易曰 自天祐之라 吉无不利라 하니 子曰 祐者는助也라 天
之所助者順也오 人之所助者信也니 履信思乎順하고 又以尙賢也
라 是以로自天祐之吉无不利也니라." 한 글로 이었는데 이 글은
이왕에는 제12장의 머리글이었으나 본 개수 편에서는 제5장을 마
무리하는 末尾辭格으로 이곳으로 옮겨 편수한 것이다.

다음, 제3절의 글 "子曰 書不盡言하며 言不盡意니 然則聖人之
意를 其不可見乎아 子曰 聖人이立象하야 以盡意하며 設卦하야
以盡情僞하며 繫辭焉하야 以盡其言하며 變而通之하야 以盡利하
며 鼓之舞之하야 以盡神하니라." 한 이 문단은 이왕에는 제12장의
머리글이었는데, 이 개수 편에서는 이 글을 繫辭上傳의 총 結語辭
로 삼아 본 장의 끝마무리로 편수한 것이다.

第一節 大衍數의 運用法과 歲月歷數說

大衍之數五十이니 其用은 四十有九이라
分而爲二하야 以象兩하고
掛一하야 以象三하고
揲之以四하야 以象四時하고
歸奇於扐하야 以象閏하나니

五歲에 再閏이라 故로 再扐而後에 掛하나니라

대연의 수가 오십이니 그 쓰는 것은 四十이요 또 九인지라
둘로 나누어 양의에 본뜨고(모양으로 하고),
하나를 손가락 사이에 걸어서 셋(삼재)을 본뜨고,
넷씩 세어서 사시의 모양으로 하고,
나머지를 손가락 사이에 끼워서 윤달의 모양으로 하나니,
오 년에 윤달이 두 번 드는지라 그러므로 다시 끼운 후에 거느니라.

"大衍之數五十 其用은 四十有九" 여기서 數라 함은 蓍草로 만든 산가지(算策)의 數를 지칭한 것이며, 五十이라 함은 그 수의 근원이 河圖의 中宮의 數인 五와 十, 곧 작은(小) 수를 큰(大) 수로 늘린 수이다. 그래서 大衍數라 한 것이며, 하도 중앙의 수를 쓰게 된 이유는 中宮의 數 五와 十은 五行의 土요, 土는 그 德이 信이다. 그러므로 이 信의 뜻을 취해서 이 五와 十을 數로서 쓰도록 한 것이라고 보인다.

그 쓰임(其用)이 四十九라 함은 산가지 50개를 한 묶음(一束)으로 한 것 중에서 太極의 動數로서 산가지 한 개를 따로 분리해 놓은 다음 산가지 49개를 좌우 두 손으로서 둘로 나누어 하늘과 땅의 양의를 상징한다(分而爲二하야 以象兩하고), 이때에 두 개의 묶음 중의 왼손의 것(左手策)을 天의 상징, 오른손의 것(右手策)을 地의 상징으로 삼는다.

다음, 한 개를 떼어 내어 따로 걸침으로써 天地人 三才를 상징한다(掛一하야 以象三하고). 이것이 점치는 두 번째 단계이다. 다음 두

부분으로 나눈 시초 안에서 1개를 가져다가 한편에 걸친다[곧 右手
策에서 1개를 취해서 左手의 小指와 無名指 사이에 끼워놓는다(扐)].
이렇게 한편에 걸치면 49개의 시초가 세 부분으로 된다. 앞서 갈라놓
은 두 부분의 시초는 하늘과 땅의 兩儀를 상징하고 새로 뽑아낸 1개
는 하늘과 땅이 있은 후에 탄생한 인간을 상징하게 된다. 그 다음, 나
머지 시초를 4개씩 덜어내는데 이 儀式은 사계절을 상징한다(揲[渫]
之以四하야 以象四時하고). 이것이 점치는 세 번째 단계이다.

그리고 다음으로, 4개씩 덜어낸 나머지 수를 손가락 사이에 끼우
고, 이로써 윤달을 상징한다. 윤달이 대개 5년에 두 차례 있으므로
그 이치를 상징하여 덜어낸 나머지 수를 손가락 사이에 끼우는 것
을 두 번 하여 괘를 찾는다(歸奇於扐하야 以象閏하나니 五歲에 再
閏이라 故로 再扐而後에 掛하나니라). 奇(기)는 매번 4개씩을 덜어
낸 나머지 수의 대명사이다. 扐(늑)은 손가락 사이에 끼움을 뜻하
며, 歸(귀)는 손가락 사이에 끼우는 의식을 뜻한다. 再扐(재늑)은 두
번째 끼움을 뜻한다. 두 손(左右手)의 시초는 각각 4개씩을 덜어낸
다음 나머지를 취한다. 때문에 再閏이라고 부른다. 이것이 점치는
단계(四營)로서 네 번째의 맨 끝 단계이다.

이와 같이 둘로 나누고(分二), 하나를 끄집어 내고(掛一), 4개씩
덜어내고(渫四), 두 손의 산가지(算策) 나머지를 손가락 사이에 끼
우는(歸奇) 네 단계를 거쳐야 점서의 의식(筮儀)에서 한 차례가 끝
난 것으로 간주하고 이를 一易 또는 一變이라고 부른다. 이어서
같은 방법으로 두 차례 더 돌려야 하니, 이와 같이 모두 세 번의
筮儀式 節次를 거쳐야만 한 爻(1괘 6효 중의 한 효)를 얻을 수 있
다. 그러므로 아래 단의 글에 '十有八變而成卦'라고 한 것이다.

乾之策이 二百一十有六이오 坤之策이 百四十有四라

凡三百有六十이니 當期之日하고

二篇之策이 萬有一千五百二十이니 當萬物之數也라

是故로 四營而成易하고 十有八變而成卦하니

八卦而小成하야 引而伸之하며 觸類而長之하면

天下之能事畢矣라

건의 책 수가 二百十六이요 곤의 책 수가 百四十四이라

무릇 三百六十이니 1년의 날수에 해당하고,

두 편의 책(策) 수가 一萬 一千五百二十이니 만물의 수에 해당한지라

이런 까닭에 네 번씩 운영해서 易을 이루고 열여덟 번 변해서 卦를 이루니

팔괘는 소성(小成)괘이니 이를 이끌어 펴서, 유(類)를 더듬어 펴나가면 천하의 맡은 바 일(任務)을 다 마치리라.

'觸'은 느낄 촉, 마음에 비칠 촉. '長之'는 길러 나아갈 장(養也, 進也).

"乾之策이 二百一十有六이오 坤之策이 百四十有四라 凡三百有六十이니 當期之日하고" 乾의 책 수(산가지 수)는 216이며 [老陽의 책 수 36에 6(효수)을 곱하면 216이다], 坤의 책 수는 144이니 [老陰의 책 수 24에 6을 곱하면 144이다], 乾坤卦 책 수 합인 360은 한 해의 날수에 해당된다.

"二篇之策이 萬有一千五百二十이니 當萬物之數也라." 二篇은

周易의 上下經 두 편을 가리킨다. 주역 전체는 64괘 384효이고 양효와 음효가 각각 192개이다. 양은 老陽이고 음은 老陰이다. 따라서 192에 노양 수 36을 곱하면 6,912개의 책 수를 얻고, 192에 노음 수 24를 곱하면 4,608개의 책 수를 얻는다. 이 둘을 합하면 11,520개의 책 수를 얻는데 이는 대략 만물의 수에 해당한다. 萬物의 萬 자는 개략적인 것이지 사실을 정확하게 지칭한 것은 아니다. 萬은 가득 찬 數라는 의미에서 취한 것이다.

"是故로 四營而成易하고 十有八變而成卦하니"(위 문단의 '大衍之數'(揲蓍法)의 설명을 참조할 것), 四營이라는 문구는 위의 설시법(揲蓍法)에서 말한 둘로 나누고(分二), 하나를 끄집어내고(掛一), 4개씩 덜어내고(揲四), 나머지를 손가락 사이에 끼우는(歸奇) 등의 네 단계를 말한 것이다.

이 네 단계의 의식절차가 갖추어지면 이를 일러서 '成易' 또는 '一變'이라고 부른다. 그리고 '十有八變而成卦'라 함은 四營에서 얻은 수를 一變(一易)의 수로 확정하고, 三變해서 一爻가 되고 十八變해서 一卦(六爻)를 이루는데 이것이 곧 大成卦를 이룬다. 이상은 점치는 법에 대한 개괄적인 설명이다. 다음은 8괘가 어떻게 64괘로 변하는가를 설명한다.

"八卦而小成하야 引而伸之하며 觸類而長之하면 天下之能事畢矣라."(팔괘는 소성(괘)이니 이를 이끌어 펴서, 유를 더듬어 펴 나가면 천하의 맡은 바 일을 다 마치리라.) 8卦는 小成卦이다(八卦而小成). 이 8괘가 어떻게 변하여 64괘가 되는가.

'引而伸之'라 함은 8괘의 각 괘 위에 8괘를 포개어 64괘를 이룸을 말하며, '觸類而長之'와 위의 '引而伸之'는 같은 단계이며 의미가 같다. 그러나 '引而伸之'는 64괘의 형성을 말한 것이고 '觸類而長之'는 384효의 전개를 말한 것이다. "天下之能事畢矣라" 64괘와 384효가 있으면 세상 모든 일을 다 담을 수 있다. 易을 義理로서 응용할 때에 상기의 觸類而長之하는 방법은 下繫 제3장 제3절의 三陳九卦의 例와 또한 說卦傳 末尾의 物類의 取象하는 廣八卦의 例도 觸類而長之法의 일종이다.

第二節 神人의 通念的 意義

顯道하고 神德行이라
是故로 可與酬酢이며 可與祐神矣니라

도에 밝고 덕행을 신묘하게 하는지라
이러므로 가히 (신과)더불어 응대할 수 있으며 신을 도울 수 있느니라.

易曰 自天祐之라 吉无不利라 하니
子曰 祐者는 助也니 天之所助者順也오
人之所助者信也니 履信思乎順하고 又以尙賢也라
是以로 自天祐之吉无不利也니라

易에 말하기를, 하늘로부터 돕는지라 길하여 이롭지 않음이 없다 하니,

공자 말씀하시기를, 우(祐)는 돕는 것이니 하늘은 순리(順理)를 따르는 자를 돕고, 사람은 미더운 이를 도우니, 미더움을 실천하며 순리를 생각하고 또 더 어질게 할 것을 숭상하는지라, 이러므로 하늘로부터 도와서 길하여 이롭지 않음이 없느니라.

"顯道하고 神德行이라 是故로 可與酬酢이며 可與祐神矣니라." 顯道라 함은 易이 道를 나타낸다는 뜻이며, 神德行이라 함은 易의 덕행이 신묘함을 뜻함이다. 是故로 可與酬酢이라 함은 덕행을 신묘하게 하기 때문에 가히 더불어 무엇인가를 묻고 답할 수 있음을 말함이며, 可與祐神矣이라 함은 가히 더불어 우주 자연의 神을 도울 수 있다는 것이다.

"易曰 自天祐之라 吉无不利라 하니 子曰 祐者는 助也니 天之所助者順也오 人之所助者信也니 履信思乎順하고 又以尙賢也라 是以自天祐之吉无不利也니라." 易에 말하기를, 하늘로부터 돕는지라 길하여 이롭지 않음이 없다 하니, 공자 말씀하시기를 우(祐)는 돕는 것이니 하늘은 따르는 자를 돕고, 사람의 사람으로서의 돕는 바는 미더움(信)이니, 미더움을 실천하고 동시에 順理를 생각하고 또 더 어질게 할 것을 숭상한다. 이러므로 하늘로부터 도와서 길하고 이롭지 않음이 없다고 한 것이다.

第三節 繫辭上傳의 總結語辭

子曰 書不盡言하며 言不盡意니

然則聖人之意를 其不可見乎아

子曰 聖人이 立象하야 以盡意하며

設卦하야 以盡情僞하며

繫辭焉하야 以盡其言하며

變而通之하야 以盡利하며

鼓之舞之하야 以盡神하니라

공자 말씀하시기를 글로서는 말을 다하지 못하며 말로서는 뜻을
다 표현하지 못하니 그런즉 성인의 뜻은 가히 볼 수 없는 것인가.
공자 말씀하시기를 성인이 象을 세워서 뜻을 다하며,
卦를 펴서 참모습과 거짓을 다하며
말씀(辭)을 매어서 그 말(言)을 다하며
변하고 통하게 하여서 이로움을 다하게 하며
고무시켜서 신명(신묘한 작용)을 다하도록 하니라.

이 끝머리의 글은 繫辭上傳의 總結로서 쓰신 글이다. 이 문단
첫머리에, 書와 言으로 易道에 대한 설명을 하고자 하였으나 오히
려 부족한 점이 있으므로 "書不盡言하며 言不盡意"라고 쓰시고,
끝에 가서는 "鼓之舞之하야 以盡神하니라" 하였으니 이 鼓之舞之
라 함은 사람의 신명을 최고도로 흥취시키는 것이기에 '以盡神'이
라 한 것이다. 공자 이전의 성인들께서 易理를 후생들이 이해할 수
있도록 천명해 놓은 것 곧 伏羲의 八卦와 文王의 卦辭와 周公의
爻辭가 "사람의 신명을 고무시켜서 신명을 다하도록 한 것"이 그
것이라는 뜻이다.

이 '鼓之舞之하야 以盡神'이라고 한 글의 참뜻을 다시 논한다면, 예컨대 공자께서 이 계사전 상하편을 저술하심에 있어 易, 乾, 坤 三字와 神, 道, 剛, 柔, 變, 通 六字에 대한 뜻풀이를 수십여 차나 거듭 천명해 놓은 일 같은 것이 바로 그 뜻이므로 후학들은 깊이 생각해야 할 것이다. 또 辭典에 의하면, 鼓는 筮也오 舞는 行也(곧 用也)라 하였으니 성인이 卜筮로서 神道를 다하도록 하였음을 이름이라고 할 수도 있을 것이다.

(上繫 끝)

繫辭下傳

第一章 易의 內面的 體系

본 제1장 제1절의 머리글(首題文)인 "乾坤은 其易之縕耶인져"에
서부터 "易을 不可見則 乾坤도 或幾乎息矣이리라." 한 문단까지
는 본래 상계 제12장에 있었던 것이다. 그리고 이 글의 아래에 이
어서 "八卦成列하니 象在其中" 운운한 문단은 이왕의 下繫 제1장
머리글이었으나 어디로부터 온 데 없이 돌연적이다. 그러므로 이
글의 문맥을 맞추기 위해서 이 개수 편에서는 "乾坤은 其易之縕
耶" 운운한 문단을 본 장의 수제문으로 함과 동시에 '八卦成列'을
이어서 제1절로 삼은 것이다.

그리고 이 장의 머리글 "乾坤은 其易之縕耶인져" 운운한 글은
아래 제3장의 머리글인 "子曰 乾坤은 其易之門耶인저" 운운한 글
과 표리적인 관계가 있는 것이다.

上繫의 문장을 볼 때에 제4장의 '天地之數'와 제5장의 '大衍數'
장을 제외하고는 반드시 그 머리글이 '易' 자와 '乾坤' 자로 本을
삼은 것이 문장의 대체적인 예이다. 이렇게 볼 때 下繫 제1장의 수
문은 반드시 乾坤으로 시작되어야만 성문이 된다. 그리고 下繫의

글은 대체로 간단함으로 각 절의 설명은 적당히 쓰기로 한다.

제1장(3절)은 결어사로서 "天地之大德 曰生" 운운한 글로 마감하였는데, 이 글은 이왕에는 제1장 가운데 있었던 것인데 여기에 있게 된 것은 이 글 앞의 "天下之動은 貞夫一者也"라 한 글을 배경으로 한 것이기 때문이다. 이 '天下之動'이라 한 글은 인간의 활동을 뜻하는 것이므로 이 점 심사숙고하기 바란다.

第一節 易은 乾坤을 本으로 한 內面的 體系

乾坤은 其易之縕耶인져
乾坤이 成列而易이立乎其中矣니
乾坤이 毀則无以見易이요
易을 不可見則 乾坤도 或幾乎息矣리라

乾과 坤은 그 易의 본원을 깊이 쌓아둔 것(縕)이다.
건곤이 배열됨에 역이 그 가운데에 서니,
건곤이 허물어지면 역을 볼 수 없고 역을 보지 못하면
건곤의 작용도 거의 그치게 되리라.

八卦成列하니 象在其中矣요
因而重之하니 爻在其中矣요

팔괘가 열을 이루니 象이 그 가운데에 있고,
이를 바탕으로 거듭하니 爻가 그 가운데 있다.

계사전 하편은 그 뜻이 상편에서 해석이 미진한 부분을 재삼 다시 풀이한 것이 그 대체적인 내용이다. 易을 공부하는 이들은 하편을 이와 같이 보고 읽으면 이해하기가 쉬울 것이다.

이 문단의 乾 字와 坤 字는 예를 들면 天의 道와 地의 道를 역상(易象)적인 부호로서 쓴 글자이며, 易 字 또한 수시로 變易하는 道를 명사(名辭)적으로 쓴 글자이다. '乾坤은 其易之縕耶'라 함은 乾과 坤이 천지의 수시로 變易하는 道를 내포하고 있다는 것을 뜻한다. 온(縕)은 易의 본원을 깊이 쌓아둔 것을 뜻한다.

'乾坤이 成列'이라는 뜻은 天과 地의 차서가 순번으로는 乾이 一, 坤이 二하는 격으로 되어 있으며, 상하로는 乾이 위이고 坤이 아래라는 식이다. '立乎其中'이라 함은 易이 乾과 坤의 두 괘체(卦體)로 차서를 이루고 있는 그 가운데 팔괘의 체상(곧 乾一과 坤八 가운데 兌二·離三·震四·巽五·坎六·艮七)이 이루어져 있음을 이름이다. 그래서 아래 문단에 건과 곤이 무너지면 그로 인해서 변역하는 易의 道를 볼 수 없을 것이고, 易을 볼 수 없다면 건과 곤이 자체의 변화능력도 거의 끝일 것이라는 것이다.

'八卦成列'이라 함은 乾과 坤의 양체 가운데 건곤의 변동에 힘입어 震, 坎, 艮의 三陽卦(少陽卦)와 巽, 離, 兌의 三陰卦(少陰卦)가 생기게 되는 것을 이름이다. '象在其中'의 象은 팔괘의 괘상을 이름이며, '因而重之하니 爻在其中矣'이라 함은 역의 괘상이 기본적으로는 팔괘로 되어 있는 것을 그 각 괘에 다시 팔괘를 거듭하면 대성괘(大成卦)로서 육십사괘가 되며, 爻로서는 내 괘마다 六획으로 되었음을 이름이다.

[卦圖로 例示할 것(8괘와 64괘도)]

第二節 易의 內面的 體系

剛柔相推하니 變在其中矣요

繫辭焉而命之하니 動在其中矣요

吉凶悔吝者는 生乎動者也라

굳셈(剛)과 부드러움(柔)이 서로 바뀌면(옮기면) 변(變)이 그 가운
데 있다.

말씀(글)을 달아서 (역의 의의를) 일러 보이니 움직임이 그 가운
데 있다.

길함과 흉함과 후회와 궁색함은 동하는 데에서 생긴다.

剛(굳셈)과 柔(부드러움)가 서로 바뀌면 또는 옮기면 변화가 그
가운데 생기고, 괘와 효 아래에 글을 달아서 그 괘와 효가 지니고
있는 길흉과 善不善의 의의를 세상 사람이 알 수 있도록 보이면
그 알림(命: 일러 보일 명, 告示)을 따라서 행동하는 것이 그 안에
있다는 것이다.

이것은 의리적인 측면에서 사람의 행동을 볼 적에 계사(괘효사)
를 보아서 어느 괘 또는 어느 효에 해당하다고 추정하는 것을 설명
하는 말이다.

다음에, 길하고 흉하고 후회하고 인색한 것은 행동하는 데서 생
긴다 하였는바, 여기서 動이라 함은 점서적(占筮的)인 측면에서 보
면 변동(變動)한다는 뜻이고, 의리적(義理的)인 측면에서 보면 행동
(行動)이라는 뜻이 된다.

第三節 結語의 辭

剛柔者는 立本者也오 變通者는 趣時者也라

굳셈과 부드러움(剛柔)이란 근본을 세우는 것이요,
변하여 통하는 것(變通)은 적절히 때를 맞추는 것이다.

吉凶者는 貞勝者也니
天地之道는 貞觀者也오 日月之道는 貞明者也오
天下之動은 貞夫一者也라

길흉이라 한 것은 행위(行)에 해당(當)한 것이다.
천지의 도는 살펴보는 데 해당(當)한 것이요,
해와 달의 도는 밝히는 데 해당(當)한 것이요
천하의 움직임은 그(변동) 하나하나가 한결같은데
(정성스럽게 하는 데) 해당(當)한 것이다.

天地之大德曰生이요 聖人之大寶曰位니
何以守位오 曰仁이요 何以聚人코 曰財니
理財하며 正辭하며 禁民爲非曰義라

천지의 큰 덕은 일러 가로되 낳아서 살게 함(生)이요
성인의 큰 보배는 일러 가로되 지위(位)이니
어떤 생각으로써 자리를 지킬 것인고.

일러 가로되 사랑(仁)이요,

무엇으로써 사람을 모을 것인고. 일러 가로되 재물이니,

재물을 다스리며, 말을 바르게 하며, 백성의 잘못함을 금하는 것은 일러 가로되 의(義)이니라(옳은 도리이니라).

'貞勝'은 행위에 해당한 것을 뜻한다. 貞은 當(해당할 당)이요, 勝은 擧(행할 거, 行)이다.

여기 剛柔라 한 글자는 앞의 해설에서 미진한 부분을 또다시 밝히고자 쓴 것으로 아래 문단에 그 뜻을 밝혔는바 立本(근본을 세움)이 그것이다. 立本이라는 뜻은 剛은 그 본성이 굳셈을 덕으로 삼고, 柔는 그 본성을 부드리움(柔順)으로 하는 것이 大義이다. 그리고 剛과 柔가 그 본성적인 道를 근본으로 지니고 있다 하되 때를 따라 剛性은 柔로, 柔性은 剛으로 변용해야만이 천하만사에 능동적으로 대처할 수 있는 것이다. 그러므로 그 아래 문단에 '變通者는 趣時者也'라고 한 것이다. 여기 時에 趣한다의 時 字는 기회를 뜻하며, 趣字는 행동하여 나간다는 뜻이다.

계사상 편에서 "變通은 配四時"라는 문구가 있으며, 또한 "化而裁之 謂之變 推而行之 謂之通"이라는 문구가 있는데, 이미 표출된 變 자와 通 자의 뜻을 여기서 다시 재삼 해설하고 있는 것이다.

'吉凶者는貞勝者也'라 함은 吉과 凶이란 것은 몸소 그 어느 일에 대해 어떤 행동을 취한데 대한 대가로서 따라온 결과를 뜻함이다. 貞 자는 그 어느 값어치에 해당한다는 뜻이며, 勝 자는 이것저것 중에서 어느 하나를 몸소 행하였다는 뜻이다. 곧 '貞勝者也'는 어떤 일을 도맡아 행할 때에 추진력의 강도 여하에 따라 일어나는

일을 摘示한 것이다.

"天地之道는貞觀者也오" 貞은 當의 뜻과 같다. 天과 地의 도는 천하를 관찰하는 데 해당한 것이다. "日月之道는 貞明者也오" 해와 달의 도는 항상 낮과 밤을 밝힘에 해당한 것이다.

"天下之動은 貞夫一者也라" 천하의 움직임은 그(변동) 하나하나가 항상 한결같은 데 해당하는 것이다.

"天地之大德曰生이오" 하늘과 땅의 덕은 우선 천하의 만물을 낳아서 살게 하는 것이다.

"聖人之大寶曰位니 何以守位오 曰仁이오" 성인의 큰 보배를 자리(位)라 이른다 함은 성인의 큰 보배는 그 어떤 것보다 그 지위이다. 어떤 방법으로 그 자리를 지키는가. 사랑(仁)이다. 곧 德 있는 사람 노릇을 해야 한다.

"何以聚人코 曰財니 理財하며 正辭하며 禁民爲非曰義라" 무엇으로써 사람을 모을 것인가. 재물이다. 재물을 다스리며, 말을 바르게 하며, 백성의 잘못함을 금하는 것을 의로움(義)이라 이른다.

이 "天地大德曰生" 이하의 마지막 문단은 본 제3절을 매듭짓는 글(結語辭)로 쓴 것이다.

第二章 易簡과 爻象의 應用例

이 제2장 제1절의 머리글은 "夫乾은 確然하니 示人易矣오, 夫坤은 隤然하니 示人簡矣니"라 한 글로 시작하였는데 이 글은 이왕에는 제1장의 일곱 번째의 문단에 있던 글이다. 다음에 이어서 "爻也者는 效此者也오 象也者는 像此者也라" 한 글을 이어 넣고 다음 글에 "是故로 易者는 象也니 象也者는 像也라"로 제1절을 마감하였다. 그런데 이 '象也者는 像也'라 한 글은 이왕에는 제3장의 머리글이었다.

제2절은 이왕에 앞의 글과 이어져 있는 그대로 "彖者는 材也오 爻也者는 效天下之動者也니 是故로 吉凶이 生而悔吝이著也니라"로서 제2절을 삼았다.

제3절의 머리글 "爻象은 動乎內" 운운한 문단은 이왕에는 제1장 말미의 앞글이었는데 이곳으로 옮기어 이 節의 首題文으로 삼고, 이 글의 文脈에 맞추어 이왕에 제5장에 있는 총 11爻의 爻辭로서 본 장을 마감하였다. 이 글 역시 上繫에서와 같이 孔子께서 易爻辭의 應用例로서 제시한 글이다.

第一節 易簡과 爻象

夫乾은 確然하니 示人易矣오
夫坤은 隤然하니 示人簡矣니

저 乾은 강건하니 사람에게 쉬움으로 보여주고,
저 坤은 유순하니 사람에게 간략함(또는 정성)으로 보여준다.

爻也者는 效此者也오 象也者는 像此者也라

是故로 易者는 象也니 象也者는 像也니라

爻란 것은 이것(易簡)을 본받는 것이고, 상이란 것은 이것(剛柔)을 형상화한 것이다.
그러므로 역은 상(象)이며, 상이란 형상(像)이다.

이 글은 계사전 상편 제1장 제1절 마지막 문단의 “易簡而天下之理得矣”이라 한 ‘易簡’의 뜻을 여기서 다시 乾坤에 부쳐 밝힌 것이다.

爻라는 것은 이것을 본받은 것이라 하는 글의 ‘이것’은 건곤의 쉬움과 간요함 곧 용이한 道와 簡要의 情을 말한 것이다.

象이라는 것은 이것을 본뜬(곧 형상화한) 것이라 하는 글의 ‘이것’은 굳셈과 부드러움의 상호작용(곧 건은 강건한 모습, 곤은 유순한 모습)을 본뜬 것을 말하는 것이다.

第二節 應用의 例

彖者는 材也오 爻也者는 效天下之動者也니
是故로 吉凶이 生而悔吝이 著也니라

彖은 재덕(才德)을 말함이요,
爻라는 것은 천하의 움직임을 본받는 것이니,
이러므로 길흉이 따라 생기고 후회와 근심이 드러난다.

여기 象이라는 글자는 易本經의 象曰과 계사전(상편)의 爻象이라 한 象 字인데, 그 뜻은 易에서 卦가 지니고 있는 才德의 의의를 풀이하는 것을 명사화한 것이다.

爻라는 것은 천하의 변화무상한 움직임을 본받은 것이다. 易을 공부하려는 사람은 자신이 하려는 일이 易의 384효 가운데 그 어느 것을 취해서 행동하느냐에 따라 善과 不善이 생기는 것을 豫知코자 하는 것이다. 그러므로 본인이 본받아 행하는 것이 바로 본인의 運命이 되는 것이다. 이러므로 천하의 변화무상한 것을 수시로 본받아 길함과 흉함 중에서 흉을 피하고 길한 데로 나아갈 수만 있다면 이것이 易을 공부한 결과라고 할 것이다.

第三節 應用例와 結語의 辭

爻象은 動乎內하고 吉凶은 見乎外하고
功業은 見乎變하고 聖人之情은 見乎辭하니라

爻와 象은 易理(卦) 안에서 나오고,
길흉은 밖에서 나타나고,
공업은 변(變)에서 나타나고,
성인의 정은 말씀에 나타내 보이느니라.

'見' 자는 (나타내 보일, 顯示) 현으로 읽는다.
이 문단은 의리적(義理的)인 측면을 전제로 한 글이다. 효와 상은 안에서 나온다 함은 易을 공부한 사람이 세상의 여러 가지 일들을 하고자 할 때, 다른 사람이 알기 전에 內心으로 그 일을 어떻게 해야겠다고 결정을 내리면 그 결정한 내용에서 이미 어떤 卦나 爻가 나타나 있는 것을 말함이다.

길흉은 밖에서 나타난다 함은 그 일을 卦나 爻의 의의에 맞도록 구상해서 실천에 옮기면 그 일의 결과에 따라 善 또는 不善이 나타나는 것이므로 이를 일러서 길흉은 밖에서 나타난다 한 것이다.

功業은 變(變은 고칠 변, 更의 뜻이다)에서 나타난다 함은 사람이 어떤 일을 비상하게 하였을 경우에 그 공적이 나타나는 것을 말함이다.

성인의 정은 말씀에서 나타내 보인다 함은 성인이 정성(심중의 뜻)을 기울여 천하의 모든 일을 추리에 의해서 미리 알 수 있도록 말씀(文辭)에 남겨놓은 것 그 자체를 말함이니, 곧 역경 중의 文王의 괘사와 周公의 효사를 바탕으로 하여 孔子께서 역의 효사의 應用例로서 친히 밝혀 놓으신 문장이다. 다음 아래 문단에 이어지는 열한 가지(11) 효사의 설명이 바로 그러한 '辭'의 일부분인 것이다.

易曰 憧憧往來면 朋從爾思라 하니
子曰 天下何思何慮리오 天下同歸而殊塗하며
一致而百慮니 天下何思何慮리오

易에 말하기를,
뜻을 정하지 못하고 가고 오면
너의 벗만 네 생각을 따른다 하니,

공자 말씀하시기를,

천하가 무엇을 생각하고 무엇을 염려하리오?

천하가 돌아가는 곳은 같아도 길은 다르며

이르는 것은 하나이지만 생각은 백 가지이니

천하가 무엇을 생각하고 무엇을 염려하리오?

易曰 "憧憧往來면 朋從爾思"는 함괘(咸卦)의 九四爻의 효사이다.

日往則月來하고 月往則日來하야 日月이 相推而明生焉하며 寒
往則暑來하고 暑往則寒來하야 寒暑相推而歲成焉하니 往者는 屈
也오 來者는 信也니 屈信相感而利生焉하나니라

해가 가면 달이 오고 달이 가면 해가 오니

해와 달이 서로 밀어서 밝아지며,

추위가 가면 더위가 오고 더위가 가면 추위가 와서

추위 더위가 서로 바뀌어 한 해를 이루니,

가는 것은 굽힘이요 오는 것은 폄이니

굽히고 폄이 서로 교감해서 이로움이 생긴다.

'相推'의 推(추)는 옮긴다(遷移)는 뜻이며, 전자를 바탕으로 후자
로 옮겨진다는 뜻이다.

이 글은 당연한 행위에는 그에 따른 보상(補償)이 있음을 뜻한다.
또한 추위와 더위의 오고 감과 굽힘과 폄의 저절로 감응하는 이치
를 들어서 앞글의 "천하가 돌아가는 곳은 같아도 길은 다르며 이르

는 것은 하나이지만 생각은 백 가지이니라.”(同歸而殊途하며 一致
而百慮한다)는 사상을 해석한 글이다.

   尺蠖之屈은　以求信也오　龍蛇之蟄은　以存身也오

   精義入神은　以致用也오　利用安身은　以崇德也니

   過此以往은　未之或知也이어니와　窮神知化는　德之盛也라

자벌레가 굽히는 것은 펴기 위한 것이요,

용이 될 뱀이 (그 자체를) 움츠러뜨림은 몸을 보존하려 함이요,

이치를 정미롭게 하여 신묘함(心神)을 받아들임은 쓰임에 당하고
자 함이요,

쓰임새를 이롭게 하야 몸을 편안히 함은 덕을 숭상함으로써니,

이에 밝힌 의의를 넘어 써 往함(행동에 옮김)은 혹 알 수 없거니
와 신을 궁구하여 변화하는 것을 아는 것은 덕의 성함이라.

‘精義入神은　以致用也’라 함은 사람이 성통(誠通)을 하면 모든
사물을 대할 때, 두고두고 생각하지 아니해도 心神에서 그 사물을
대하는 순간 事理를 스스로 깨달아 이용하게 되는 것을 말한다(神
은 천신 신 곧 조물주).

‘窮神知化’는 ‘精義入神’과 ‘利用安身’보다 더욱 높은 수양의 단
계이다. 精義入神과 利用安身은 여전히 사려와 힘쓰는 것을 면할
수 없고 좀 더 진척되고 원숙하여 덕이 성대해짐을 기다려야 한디.
덕이 성대해져 ‘神을 궁구하여 변화하는 것을 아는 것’(窮神知化)
에 이르면 사려와 행위가 없게 된다. 窮神은 入神에서 왔으나 入

神보다 높다. 음과 양의 변화를 헤아릴 수 없는 것이 神이라 하였는데, 入神은 아는 바가 정밀하고 깊기 때문에 양과 음이 함께 있어서 헤아릴 수 없는 神의 소위도 알 수 있다. 窮神은 아는 것에 그치지 않고 그 聰明叡智함이 거의 신명과 서로 통하기 때문에 음양이 함께 있어 헤아리기 어려운 사물은 이 窮神에 의해 남김없이 파악된다.

'精義入神'으로 말미암아 '利用安身'할 수 있는 사람은 이용을 적절하게 할 수 있고, 이에 따라 心神을 편안히 할 수만 있다면 이는 그 행위가 知化에 도달한 것이니 이러한즉 그 행위가 거의 조화와 짝을 이루고 주체와 객체가 통일된다. '窮神知化'에 도달한 사람은 오고 감이 자연스러워 결코 갈팡질팡 거리지 않고 굽히고 폄이 때에 따르지만 이는 사려를 통해 그렇게 되는 것이 아니라 知化에 따라 자연스럽게 이루어지는 것이다.

易曰 困于石하며 據于蒺藜라 入于其宮이라도 不見其妻니 凶이라 하니 子曰 非所困而困焉하니 名必辱하고 非所據而據焉이라 身必危하리니 旣辱且危하야 死期將至어니 妻其可得見耶아

易에 말하기를, 돌에 걸려 곤궁하며 가시덤불에 의지한지라, 그 집에 들어가더라도 그 아내를 보지 못하니 흉하다 하니,

공자 말씀하시기를, 곤궁할 바가 아닌데 곤궁하니 이름이 반드시 더럽혀지고 의거할 바가 아닌데 의거하니 몸이 위태로워지리니,

이미 더럽혀지고 위태해서 죽을 시기가 장차 이르게 되리니, 아내를 그 가히 얻어 볼 수 있으랴?

'據'(거)는 '居', '處', '就'와 같은 뜻이다.

이 문단은 곤(困)괘 六三 효사를 설명하고 있다. 이 글은 사람이
처신하는 데 때와 운세(勢)를 맞추지 못하면 아무리 노력하여도 드
디어는 더 어려움에 처하여 실패로 끝난다는 것을 말한 것이다.

易曰 公用射隼于高墉之上하야 獲之니 无不利라 하니
子曰 隼者는 禽也오 弓矢者는 器也오 射之者는 人也니 君子藏
器於身하야 待時而動이면 何不利之有리오 動而不括이라 是以出
而有獲하나니 語成器而動者也라

易에 말하기를,

公이 높은 담 위에 새매를 쏴서 잡으니 이롭지 않음이 없다 하니,

공자 말씀하시기를, 준(隼)은 새요 활과 화살은 도구요 쏘는 것은
사람이니,

군자가 도구를 몸에 감추어서 때를 기다려 움직이면 어찌 이롭
지 않음이 있으리오.

움직임에 막히지 않음이라. 이럼으로써 나가서 잡을 수 있나니
이는 도구와 시세의 여건을 만든 뒤에 움직임을 말함이라.

'射'(석)은 쏴서 맞힐 석. 여기 公은 中國 周代의 公이니 太師,
太傅, 太保의 지위를 지칭한 것이다. 이 단락은 解괘의 上六 효사
를 해석한 것이다.

子曰 小人은 不耻不仁하며 不畏不義라

不見利면 不勸하며 不威면 不懲하나니

小懲而大誡 此小人之福也라

易曰 屨校하야 滅趾니 无咎라 하니 此之謂也라

공자 말씀하시기를,

소인은 어질지 못함을 부끄러워하지 아니하며,

의롭지 못함을 두려워하지 않는지라. 이롭지 않으면 힘쓰지 않고
위엄스럽지 않으면 무서워하지 않나니,

조금 징계해서 크게 경계시킴이 소인의 복이 되는지라.

易에 말하기를, 형틀을 신겨서 발꿈치를 묶어두니 허물이 없다
하니, 이를 이름이라.

善不積이면 不足以成名이오 惡不積이면 不足以滅身이니 小人
이 以小善으로 爲无益而弗爲也하며

以小惡으로 爲无傷而弗去也라

故로 惡積而不可掩이며 罪大而不可解니

易曰 何校하야 滅耳니 凶이라 하니라

선을 쌓지 않으면 아름다운 이름을 이루지 못하고

악을 쌓지 않으면 몸을 해치지 않을 것이니,

소인이 조금 착한 것은 별로 이익이 될 것이 없다 하여 하지 아
니하며 조금 악한 것은 상함이 없다 하여 버리지 않는지라. 그러므
로 악이 쌓여서 가리지 못하며 죄가 커져서 가히 풀지 못하게 되나
니, 易에 말하기를, 형틀을 매서 귀를 가린다 하니 흉하다 하니라.

滅耳: 타이르는 것을 듣지 않는 죄의 형벌이다.

"易曰 屨校하야 滅趾니 无咎라" 이 단락은 서합(噬嗑)괘의 初九 효사이다. "易曰 何校하야 滅耳니 凶이라" 이 단락은 噬嗑괘 上九 효사이다.

子曰 危者는 安其位者也오 亡者는 保其存者也오
亂者는 有其治者也니
是故로 君子安而不忘危하며 存而不忘亡하며 治而不忘亂이라
是以身安而國家를 可保也니
易曰其亡其亡이라야 繫于苞桑이라 하니라

공자 말씀하시기를, 위태롭게 여기는 것은 그 자리를 편안하게 하려는 것이요,

망할까 염려하는 것은 있는 것을 보존하려는 것이요,

어지러울까 여기는 것은 그 다스림을 보하려는 것이다.

이런 까닭에 군자는 편안해도 위태함을 잊지 않으며

안존하여도 망함을 잊지 아니하며 다스려져도 어지러움을 잊지 아니하니라. 이로써 몸이 편안하고 나라를 보존할 수 있으니, 易에 말하기를,

그 망할까 망할까 하여야 더부룩한 뽕나무에 얽맨다 하니라.

이 단락은 비(否)괘의 九五 효사를 해석한 것이다.

子曰 德薄而位尊하며 知小而謀大하며 力小而任重하면 鮮不及

矣나니

　易曰 鼎이 折足하야 覆公餗하니 其形이 渥이라 凶이라 하니 言不勝其任也라

　공자 말씀하시기를,

　덕이 박한데 자리는 높으며,

　아는 것은 적은데 큰일을 도모하며

　힘은 적은데 책임이 무거우면

　잘하는데 미치지 못하리니,

　易에 말하기를,

　솥이 발이 부러져 공의 곰국을 뒤집어엎으니 그 모양(형)이 어색한지라 흉하다 하니, 그 책임을 이기지 못함을 일러 말함이라.

　鮮은 잘할 선(善), 餗은 곰국 속. 이 단락은 정(鼎)괘의 九四 효사를 해석한 것이다.

　子曰 知幾其神乎인져

　君子上交不諂하며 下交不瀆하나니

　其知幾乎인져 幾者는 動之微니 吉之先見者也라

　君子見幾而作하야 不俟終日이니

　易曰 介于石이라 不終日이니 貞코 吉타하니

　介如石焉커니 寧用終日이리오 斷可識矣로다

　君子知微知彰知柔知剛하나니 萬夫之望이라

공자 말씀하시기를, 기미를 아는 것이 그 신기한져.

군자가 윗사람과 사귀되 아첨하지 않으며 아랫사람을 사귀되 함부로 하지 아니하나니, 그 기미를 알음인져.

기미는 움직임이 은미한 것이니, 길한 것이 먼저 나타나 보이는 것이라. 군자가 기미를 보고 일어남으로써 종일토록 기다리지 않나니.

易에 말하기를,

식견(識見)이 저울 같은지라 하루 날을 마치지 아니하니, 바르고 길하다 하니,

알아보는 식견이 저울 같은 거니 어찌 날이 마치도록 마음을 쓰리요. 가히 알아서 결단하도다.

군자가 은미할 줄도 알고 드러낼 줄도 알고 부드러울 줄도 알고 강한 줄도 아나니 수많은 사람의 바람이라.

'介'는 견식개, 識見. '石'은 저울석, 衡이다. 이 단락은 예(豫)괘의 六二 효사를 해석한 것이다.

子曰 顔氏之子其殆庶幾乎인져

有不善이면 未嘗不知하며 知之면 未嘗復行也하나니

易曰 不遠復이라 无祗悔니 元吉이라 하니라

공자 말씀하시기를,

안 씨의 아들이 그 거의 이에 가까울진져.

착하지 않음이 있으면 일찍이 알지 못함이 없으며,

알면 다시 행하지 아니하나니,

易에 말하기를,

머지않아 회복하는지라, 이에 후회함이 없으니 크게 길하다 하니라.

이 단락은 복(復)괘의 初九 효사를 해석한 것이다.

顔氏之子는 공자의 제자 顔回인데 후세에 復聖으로 받들어졌다.

天地 絪縕에 萬物이 化醇하고

男女 構精에 萬物이 化生하나니

易曰 三人行엔 則損一人코

一人行엔 則得其友라 하니 言致一也라

천지가 기운을 뭉침에 만물이 화하여 성숙해지고

남녀가 정기를 합침에 만물이 화하여 생하나니,

易에 말하기를,

세 사람이 가는 데는 곧 한 사람을 덜고

한 사람이 가면 곧 그 벗을 얻는다 하니

순전한 데(같은 데) 이름을 말함이라.

이 단락은 손(損)괘의 六三 효사를 해석한 것이다.

子曰 君子 安其身而後에아 動하며 易其心而後에아 語하며 定其交而後에아 求하나니

君子 修此三者故로 全也하나니 危而動하면 則民不興也코 懼以

語하면 則民不應也코 无交而求하면 則民不與也하나니 莫之與하면 則傷之者至矣하나니 易曰 莫益之라 或擊之리니 立心勿恒이니 凶이라 하나라

공자 말씀하시기를,
군자가 자신의 몸을 편안히 한 뒤에야 움직이며
자신의 마음을 평안히 다스린 뒤에야 말하며
그 사귐을 정한 뒤에야 구하나니,
군자가 이 세 가지를 닦으므로 온전하게 되나니
위태로운 상황에서 움직이면 곧 백성이 일어나지 아니하고, 두려워하면서 말하면 백성이 응하지 아니하고, 사귐이 없이 구하면 백성이 함께하지 아니하고, 함께하지 아니하면 곧 해치는 자가 이르나니
易에 말하기를,
이익할 리 없는지라 혹 치리니 마음을 세우되 항상 급한 모양으로 하니 흉하다 하니라.

'勿'은 급한 모양 물, 이 단락은 익(益)괘의 上九 효사를 해석한 것이다.

第三章 易의 外的 側面과 三陳九卦

이 제3장(제1절)의 머리글은 이왕에 제6장의 首文이었던 "乾坤

은 其易之門耶인저. 乾은 陽物也오 坤은 陰物也니 陰陽이 合德하야 而剛柔有體라 云云"한 것을 이리로 옮기어 머리글로 삼고, 이어서 이왕에 제4장에 있던 글 "陽卦는 多陰하고 陰卦는 多陽하니 其故는 何也오 云云"한 문단을 이곳으로 옮기어 문맥을 순조롭도록 하였다.

제2절은 이왕에 제6장에 있었고 앞글에 이어 있던 "夫易은 彰往而察來 云云"한 글과 그 다음 문단에 연해 있던 글을 그대로 이어서 제2절을 맺고, 제3절은 이왕의 제7장에 있던 문단을 그대로 이어서 '易之興也'에서부터 '三陳九卦'의 說을 전부 실어 이 제3장을 마감하였다.

第一節 乾坤의 外的 側面의 뜻

子曰 乾坤은 其易之門耶인저
乾은 陽物也오 坤은 陰物也니
陰陽이 合德하야 而剛柔有體라
以體天地之撰하며 以通神明之德하니라

공자 말씀하시기를,
건(乾)곤(坤)은 역(易)의 문인져.
건은 양을 대표하는 것(陽物)이요,
곤은 음을 대표하는 것(陰物)이니,
음과 양이 그 기질(德)을 합해서 굳셈과 부드러움이

형체를 갖게 되는지라.

이로써 하늘과 땅의 일을 본받으며

이로써 신명의 덕을 통한다.

"乾과 坤은 易의 門인가", 이 문단은 앞(하편 제1장 제1절)에서 "乾坤은 易의 蘊蓄인져", "乾坤이 배열됨에 易이 그 가운데 서니", "문을 닫는 것을 坤이라 하고 문을 여는 것을 乾이라 한다" 한 것과 의미가 비슷하며, 모두 64괘의 뜻이 건괘와 곤괘 속에 이미 포함되어 있으며, 64괘는 건과 곤 두 괘의 변화와 발전의 결과임을 말하는 것이다.

"乾은 陽物이고 坤은 陰物이라" 함은 건곤이 지니고 있는 氣質을 이름이다. "음과 양이 그 성질(기질)을 합해서 굳셈과 부드러움이 형체를 갖게 되고 그로써 하늘과 땅의 일을 본받고 이로써 신명의 덕을 通한다." 함은 64괘의 형성과 작용 그리고 기능을 설명한 것이다.

'以體天地之撰(선)'이라 함은 하늘과 땅의 일(撰, 事) 곧 만물을 낳는 일을 본받아 체현함을 뜻한다. 64괘의 생성이 바로 하늘과 땅이 만물을 낳는 것의 체현이라는 것이다. 여기 '神明의 德'이라 함은 天地에 비유해서 말하면 천하의 千變萬化하는 그 이치(진리)가 불가사의한 道임을 이름이고, 사람에 비유해서 말하면 心神에서 천만 가지 사려가 생기는 사람 본연의 知性을 뜻함이며, '通'이라 함은 사람이 易學 공부를 잘하면 推理 또는 誠通으로서 천지의 조화와 사람의 행위의 옳고 그름을 그 기미의 나타냄을 통해서 그 미래를 능히 알 수 있음을 뜻함이다.

陽卦는 多陰하고 陰卦는 多陽하니

其故는 何也오 陽卦는 奇오 陰卦는 耦일새라

其德行은 何也오 陽은 一君而二民이니 君子之道也오 陰은 二君而一民이니 小人之道也라

其稱名也 雜而不越하나 於稽其類앤 其衰世之意耶인저

양괘는 음이 많고 음괘는 양이 많으니 그 연고는 어찌 됨인가. 양괘는 홀수이고 음괘는 짝수이기 때문이라.

그 덕행은 어떠한가. 양괘는 임금이 하나이고 백성이 둘로써 되었으니 군자의 도이요, 음괘는 두 임금에 하나의 백성으로 되었으니 소인의 도이다.

그 일컬어지는 이름들이 잡다해도 그(괘·효의 의의)를 벗어나지 않고, 그 내용(종류)을 살펴보면 그 쇠퇴하는 시대를 비겨서 쓴 글이다.

"양괘는 음이 많고 음괘는 양이 많은데" 진(震), 감(坎), 간(艮)은 양괘(少陽卦)인데 모두 양이 하나이고 음이 둘이다.

손(巽), 이(離), 태(兌)는 음괘(少陰卦)인데 모두 음이 하나이고 양이 둘이다.

"그 까닭은 무엇인가?" 이것은 "양괘는 홀수이고 음괘는 짝수이기 때문이다." 천지만물이 많으면 천(賤)하고 적으면 귀(貴)한 것이 자연의 이치이다. 그러므로 양괘는 음효가 둘이고 양효가 하나이니 一陽爻로 主爻를 삼으며 음괘는 양효가 둘이고 음효가 하나이니 一陰爻로서 主爻를 삼는 데 있다.

양은 임금을 대표하고 음은 백성을 대표한다. 양괘는 한 임금이

두 백성을 통치하고 두 백성은 한 임금을 함께 섬기니 이것이 군자
의 도이다. 음괘는 임금이 둘인데 두 임금에 백성이 하나이다. 하
나의 백성이 두 임금을 섬기니 이것이 소인의 도이다. 여기에서 군
자의 도와 소인의 도를 말하였는데, '一君二民'이라 함은 군자는
一心을 군주로 하고 用心을 융통성(左右) 있게 함을 뜻한다. 소인
은 二心을 품고 用事에 이익이 있는 쪽으로 끌고 감으로 이를 일
러 말한 것이다(陽施 陰收).

"그 괘효사에서 일컬어지는 이름들이 잡다해도 그 괘효의 의의를
벗어나지 않고, 그 내용(종류)을 상고해 보면 그 쇠퇴하는 시대를 걱
정하는 뜻일 것이다(其稱名也 雜而不越하나 於稽其類앤 其衰世之
意耶인저)." 여기서 그 이름이란 三劃卦의 명칭과 六劃卦의 명칭을
말한다. 64괘의 괘 이름이 잡다하고 조리가 없어 보이지만 사실상
아주 규칙적임을 말하는 것이다. 그 괘효사의 내용을 살펴보면 일부
의 역사내용이 그 쇠퇴하는 시대를 걱정하는 것으로서 곧 군자는 희
소하고 소인은 많음으로 衰世가 된 정황을 묘사해서 밝힌 것이다.

第二節 易의 意義의 再闡明

夫易은 彰往而察來하며 而微顯闡幽하나니 開而當名이어든 辨
物과 正言과 斷辭가 則備矣니라

대저 易은 지나간 것을 밝히고 오는 것을 살피며
은미한 일을 드러내고 그윽한 이치를 열며,

(괘·효를) 풀어서 이름에 맞게 하거든, 사물을 분별함과 말을 바로 함과 괘 효사로 판단하는 것이 곧 갖춰지리라.

易은 지나간 것을 밝히고 오는 것을 살피며, 너무 드러난 것은 약간 숨기고 깊은 것은 열어 밝히니 易으로 세상의 모든 일들을 풀이해서 괘 명과 맞게 하며는, 사물을 분별함과 말의 바름과 괘 효사를 분명히 판단함이 곧 갖추어진다. 이 문단은 상편 제3장 제2·3절에서 설명한 擬物 取象 求卦의 應用例를 규정해서 말한 것이라고 생각된다.

其稱名也 小하나 其取類也 大하며 其旨 遠하나
其辭 文하며 其言이 曲而中하며 其事 肆而隱하니 因貳하야 以
濟民行하야 以明失得之報니라

그 부르는 이름은 작으나 견주어 취하는 것은 크며,

그 뜻이 심원하나 그 글이 아름다우며(현상적이며),

그 말이 굽은 듯하지만 (사리에) 맞고,

그 일은 펴놓았으되 (함의는) 숨겨져 있으니

두 가지로 말미암아 백성의 행을 건네며

득실에 따른 결과를 밝히느니라.

이 문단에서 '其稱名也 小'라 함은 八卦(소성괘)의 이름과 64괘의 대성괘의 이름을 뜻하며, '其取類也 大'라 함은 소성괘로는 說卦傳의 제7장에서 제11장까지가 모두 다 廣八卦의 意義에 속한 것이 그것이며, 대성괘(64괘)로는 義理的인 측면에서 보면 '天下之動' 전부의 의의가 易 64괘 중에서 벗어나지 아니하는 것이다.

부르는 이름은 작으나 받아들이는 무리가 크다고 하는 것은 괘의 이름이 아주 구체적이어서 보기에 포괄하는 범위가 아 주 작은 것 같지만, 괘가 반영하는 사상내용(理想)은 오히려 포괄하는 범위가 아주 크고 비교적 큰 보편성을 가지고 있다는 것을 말하는 것이다.

'其旨遠하며 其辭文', '그 의미는 심원하나 그 글은 아롱지다' 함은 64괘의 괘사의 뜻이 심오하고 세련된 특징이 있다는 것을 말한다. '旨遠'은 괘가 반영하는 사물의 의미가 심원하여 깊이 깨닫기가 쉽지 않음을 말한다. '辭文'은 괘가 사용하는 언어에 문채가 있어서 사람으로 하여금 음미하게 함이 끝이 없음을 말한다.

'其言이 曲而中하며 其事 肆而隱', '그 말이 우회적이지만 사리에 맞고 그 일은 나열되어 있으나 함의가 숨겨져 있다.' 이것은 '뜻이 심오함과 글이 세련됨'이라는 두 말의 뜻을 자세히 설명하고 있는 것이다.

'因貳하야 以濟民行하며 以明失得之報니라', '因貳'라 함은 길흉과 득실이 정해져 있지 않다는 뜻이다. '以濟民行'이란 곧 길흉, 득실을 통하여 백성의 행을 지도한다는 뜻이다.

貳는 副라는 의미로서, 이 글 중 大, 文, 中, 隱의 의미를 말한다. 小對大, 遠對文, 曲對中, 肆對隱. 文은 現象을 뜻한다.

'그로써 잃고 얻음의 결과를 밝혀준다', '以明失得之報' 함은 위의 구절을 이어서 설명하고 있는 것이다. 사람은 노력을 통하여 성공할 수 있는데 괘사는 이를 '吉'로써 알려주고, 또 제대로 하지 못하면 실패할 수도 있는데 괘사는 이를 '凶'으로써 알려준다. 주역은 길흉으로써 사람의 行의 득실을 알려주는 것을 大義로 삼고 있다.

第三節 三陳九卦

易之興也 其於中古乎인저 作易者 其有憂患乎인저
是故로 履는 德之基也오 謙은 德之柄也오
復은 德之本也오 恒은 德之固也오 損은 德之修也오 益은 德之
裕也오 困은 德之辨也오 井은 德之地也오 巽은 德之制也라

易이 일어난 것은 중고의 시대인져.
역을 지은 것은 우환에 있음인져.
이런고로, 이(履)는 덕의 기초이고, 겸(謙)은 덕의 지모(持貌)이다.
복(復)은 덕의 근본이고, 항(恒)은 덕의 고수(固守)함이다.
손(損)은 덕의 닦음이고, 익(益)은 덕의 넉넉함이다.
곤(困)은 덕을 변별함이고, 정(井)은 덕의 바탕이며,
손(巽)은 덕의 제도이다.

'損'은 삼갈 손.

履는 和而至하고 謙은 尊而光하고 復은 小而辨於物하고
恒은 雜而不厭하고 損은 先難而後易하고 益은 長裕而不設하고
困은 窮而通하고 井은 居其所而遷하고 巽은 稱而隱하니라

이(履)는 화순하면서도 지극한 데 이르러야 하고,
겸(謙)은 어른으로서 빛나게 되고,
복(復)은 작되 사물과 변별하고,

항(恒)은 착잡하여도 염증내지 아니하는 것이고,

손(損)은 먼저는 어렵되 나중은 쉽고,

익(益)은 오래도록 여유가 있으되 무언가 꾸미지 않고,

곤(困)은 궁한 데 가서 통하고,

정(井)은 제자리에 있되 옮겨지고,

손(巽)은 사람으로서 명성이 들려오되 그 몸을 은거에 처하는 것
이다.

**履以和行코 謙以制禮코 復以自知코 恒以一德코 損以遠害코
益以興利코 困以寡怨코 井以辨義코 巽以行權하나니라**

이(履)로써 행동을 화순이 하고, 겸(謙)으로써 예를 마름질한다.
복(復)으로써 자신을 깨닫고, 항(恒)으로써 덕을 한결같이 한다.
손(損)으로써 해로움을 멀리하고, 익(益)으로써 이로움을 일으킨다.
곤(困)으로써 원망을 줄이고, 정(井)으로써 의(義)를 변별하고,
손(巽)으로써 권도(權道)를 행한다.

第四章 易의 效用

이 제4장 제1절의 머리글은 "夫乾은 天下之至健也 云云"하는
글로써 시작된다. 이 문단은 이왕에는 제12장 첫머리에 있었던 것
이다.

다음 제2절은 이왕에 제12장에 이어 있었던 "能說諸心하며 能研諸侯之慮 云云"한 문단이 머리글이 되어야 하겠으나 이 문단이 앞의 문단과 文脈上 너무나 돌연적으로 되어 있어서 심사숙고해 보니 이는 분명코 글이 한 줄 빠졌다고 볼 수밖에 없었다. 그리하여 본서 문장차서의 개수자로서는 大罪를 무릅쓰고 다음 같이 글 한 줄을 지어 넣게 되었다.

이것이 {曰夫易은 變化无常矣이라 唯賢人이어야 以身體之하야 而能行其道하나니 是以로 文王이 能說諸心 云云}이다. 이로써 제2절을 마감하였다.

다음 이왕에 제11장에 있던 문단인 "易之興也 其當殷之末世 周之盛德耶 云云"한 글을 제4장으로 옮기어 이로써 제3절의 문단을 마감하였다.

第一節 乾坤의 意義와 體用

夫乾은 天下之至健也니 德行이 恒易以知險하고
夫坤은 天下之至順也니 德行이 恒簡以知阻하나니라

건(乾)은 천하의 가장 강건한 것이니

그 덕행은 항상 쉬이함(易)으로써 험할 것을 알고,

곤(坤)은 천하의 가장 유순한 것이니

그 덕행은 항상 간요(簡要)히 정성껏 함으로써

막힐 것을 아느니라.

자기가 지극히 건전하다고 스스로 생각하는 사람은 무슨 일을 당
하든지 간에 겁을 먹지 않는다. 그러나 무슨 일을 하다 보면 혹 위
험한 상황에 봉착할 수도 있음을 알아야 한다. 또한 지극히 순한
사람은 어떤 일을 당하면 그 일을 수행하는 데 정성스럽게 깐깐히
하지만 일을 수행하다 보면 막혀서 어려움을 당할 때가 있음을 알
아야 한다.

第二節 易義와 體用

{曰夫易은 變化無常矣라 唯賢人이아 以身體之하야 而能行其道
하나니 是以로 文王이}

能說諸心하며 能研諸候之慮하야

定天下之吉凶하며 成天下之亹亹者니

是故로 變化云爲에 吉事有祥이라

象事하야 知器하며 占事하야 知來하나니

天地設位에 聖人이 成能하니 人謀鬼謀에 百姓이

與能하나니라

{가로되 저 易은 변화무상하야 오직 현인만이 스스로 그것을 체
득하야 그 道를 능히 행할 수 있으니, 이러므로 문왕이}

능히 모든 이의 마음을 기쁘게 하며

능히 모든 제후들의 염려를 연구하야

천하의 길흉을 정하며

천하를 아름답게 만들어 간다.

이러므로 변화로서 이루어짐을 이름(云謂)에

吉한 일에는 상서로움이 있는지라

일(事)을 잘 보아서(象하야) 그 일의 의의(器)를

알며, 일의 조짐을 보아서 미래를 아는 것이라.

하늘과 땅이 자리를 벌리며

성인으로서는 능함을 이루니

사람들의 도모와 귀신의 도모에 백성으로서도

그 능함에 참여하느니라.

여기 제2절 첫 머리의 괄호표시{ } 안에 있는 문단은 본 계사전
의 개수자가 문맥을 잇기 위하여 한 줄의 글을 더 지어 넣은 것이
다. 이미 '序說'의 해당 부분에서 밝혔듯이, 이왕의 제12장에 이어
있었던 글 "能說諸心하며 能硏諸侯之慮 云云"한 글이 앞의 문단
과 文脈上 너무나 돌연적으로 되어 있어서 심사숙고해 보니 이는
분명코 글이 한 줄 빠졌다고 볼 수밖에 없었다. 그리하여 본서의
개수자로서는 大罪를 무릅쓰고 다음 같이 글 한 줄을 지어 넣게
되었다. 이것이 괄호 안의 "{曰夫易은 變化无常矣이라 唯賢人이
아 以身體之하야 而能行其道하나니 是以로 文王이 能說諸心 云
云}"이다.

'亹亹 미미'는 아름다움을 뜻한다. '云 운'은 움직일 운(運), 이를
위(謂)와 같은 뜻이다. '爲 위'는 이룰 위(成), 생각할 위(思)와 같은
뜻이다.

‘器 기’는 여기서는 일(事)의 의의(意義)를 뜻한다. ‘設 설’은 벌릴 열(列)과 같은 뜻이며 ‘列’은 분해(分解)의 뜻. ‘位 위’는 자리가 정해 있을 위이다. ‘與 여’는 참여할 여의 뜻이다.

이 제2절 끝 글머리의 ‘天地設位’라 함은 우주의 형성을 글로서 밝힌 것이다. ‘聖人成能’이라 함은 무소불능(無所不能)의 才德을 가진 성인이 그 재능으로서 정신(精神)문화와 물질(物質)문명의 시단(始端)을 개발한 것 등을 지칭한 것이다. ‘人謀鬼謀’라 함은 사람의 智謀로 일어나는 일들과 사람의 耳目으로 보지도 듣지도 못하는 데 이루어지는 일들을 말함이다. ‘百姓與能’이라 함은 세상에서 사람들이 그 지혜로써 살아가는 것을 총칭해서 말한 것이다.

第三節 易의 意義와 吉凶의 立證

易之興也 其當殷之末世 周之盛德耶인저

當文王與紂之事耶인저

是故로 其辭危하야 危者를 使平하고

易者를 使傾하니

其道甚大하야 百物을 不廢하니

懼以終始면 其要无咎리니

此之謂易之道也라

易이 흥한 것은 은나라 말기에

주나라의 덕이 성하던 때에 해당한져.

문왕과 주(紂)왕 당시의 일이라.

그러므로 그 말이 위험하다 한 것이다.

위험을 느낀 사람들은 세상을 평화롭게 만들었고

안이했던 사람들은 세상을 기울게 만들었다.

그 도가 심히 크므로 하야 온갖 일을 폐기하지 않은

것이다. 조심조심해서 끝낼 것을 끝내고 새롭게 시작할 것을 시

작하면 그 욕구(欲求)에 허물이 없으리니

이것을 일러 易의 도라고 하나니라.

第五章 三段階로 說한 易之爲書

본 장 제1절의 머리글은 “易之爲書也 廣大悉備하야 有天道焉하

며 有人道焉하며 有地道焉 云云” 하는 글로 되어 있다. 이 장에는

특히 ‘易之爲書也’라는 글이 세 번이나 거듭되어 있다. 이 문단들

은 이왕에는 제8장, 제9장, 제10장에 있었던 글들이다. 이 개수본

에서는 이 문단들을 전부 합하여 본 장의 제1절, 제2절, 제3절로

편수하였다.

제2절의 수문은 “易之爲書也 原始要終하야 云云”하였으며, 제3

절 수문은 “易之爲書也 不可遠 云云”으로 하였다. 그런데 이 글들

은 이왕의 次序에서는 그 순서가 이 개수본과는 정반대로 되어 있었

다. 본 개수자로서는 이 ‘易之爲書也’라는 글이 세 번이나 거듭(複

書)된 것 가운데 과연 어느 것이 먼저이고 어느 것이 뒤인가 하는 차서를 심사숙고하고서 제5장의 순서를 이와 같이 개수한 것이다.

이왕의 글의 순서를 살펴보면, 그 제8장의 '易之爲書也'의 후속하는 문단의 끝머리에는 "初率其辭而揆其方컨댄 旣有典常이어니와 苟非其人이면 道不虛行하나니라" 하였고, 제9장의 '易之爲書也'의 후속문 가운데에는 "若夫雜物과 撰德과 辨是與非는 則非其中爻면 不備하리라" 하였고, 제10장의 '易之爲書也'의 후속문에는 "道有變動이라 故曰爻요 爻有等이라 故曰物이오 物相雜이라 故曰文이오 文不當이라 故로吉凶이 生焉하니라" 하였다. 그러나 이러한 '易之爲書也'와 같은 세 번이나 거듭된 글들의 선후 또는 시종을 살펴보면 아무래도 이왕의 순서를 이 개수편대로 문장차서를 개편해야 그 문맥이 옳게 살아난다고 생각한다. 후학들의 심사숙고를 요망하는 바이다.

第一節 易之爲書(一)

易之爲書也　廣大悉備하야
有天道焉하며　有人道焉하며　有地道焉하니　兼三才而兩之라　故로　六이니　六者는　非他也라　三才之道也니

易의 글됨이 광대하여 (우주의) 모든 문제들을 그 속에
전부 내포하고 있는 것이다.
하늘의 道가 있으며, 사람의 道가 있으며,

땅의 道가 있으니 이 삼재를 겸하야 두 번을 겹한지라,
그리해서 여섯인데 여섯이란 다른 것이 아니라
삼재의 道이다.

'道'는 이치 도(理).

道有變動이라 故曰 爻오 爻有等이라 故曰 物이오
物相雜이라 故曰 文이오
文不當이라 故로 吉凶이 生焉하니라

도에는 변동이 있다. 그래서 말하기를 爻라 한다.
爻에는 등계(等階)가 있다. 그래서 말하기를 物이라
한다. 物은 서로 섞여 복잡해진다.
그래서 말하기를, 무늬(文)라 한다. 문(文)에는 마땅한
것도 있고 마땅하지 않은 것도 있기 때문에 길흉이
생겨난다.

'文'은 아롱질 문. 무늬, 현상.

第二節 易之爲書(二)

易之爲書也 原始要終하야 以爲質也코
六爻相雜은 唯其時物也라

其初는 難知오 其上은 易知니 本末也라

初辭擬之하고 卒成之終하나니라

若夫雜物과 撰德과 辨是與非는 則非其中爻면 不備하리라.

易은 어떤 책인가(글인가).

사단(事端)을 본원(本原)으로 하야 그 종말을 살피는

것으로써 그 본질을 삼고,

六爻가 서로 섞여지는 것은 오직 그때와 사물의 관계

때문이다.

그 처음은 알기 어렵지만 끝까지 올라가면 알기가 쉬우니 이것

이 本과 末이다.

처음의 말(初爻)은 적용하는 것으로 하고

마침내(上爻)는 끝을 맺는 것으로 하나니라.

만약 저 잡다한 사물 속에서 덕을 가리는 것과

시비를 분별하는 것은, 즉 그 중간의 爻가 아니면

갖추어지지 않는다.

二與四 同功而異位하야 其善이 不同하니 二多譽코 四多懼는

近也일새니 柔之爲道 不利遠者컨마는 其要无咎는 其用柔中也

일새라

二爻와 四爻는 공은 같아도 자리가 나르브로 그 좋음(선함)이 같

지 아니하니 二爻에는 영예로움이 많고, 四爻에는 두려움이 많은

것은 왕과의 자리가 가깝기 때문이니, 부드러움의 道됨이 (剛 또는

五효로부터) 멀리한 것이 이롭지 않지마는 허물이 없을 수 있는 것은 유(柔)이면서 중(中)을 쓰기 때문이다.

　三與五 同功而異位하야 三多凶코 五多功은 貴賤之等也일새니 其柔는 危코 其剛은 勝耶인저
　噫라 亦要存亡吉凶인댄 則居可知矣어니와 知者觀其象辭하면 則思過半矣리라

　三효와 五효는 공(功)이 같지만 자리가 다르다.
　三효에는 흉함이 많고 五효에는 공이 많은데
　그것은 귀천의 차등 때문이다.
　거기에 너무 유하게만 하는 것은 위태하고
　강함을 가지면 이겨낸다.
　아! 또한 (나라의) 존망과 길흉을 가만히 살펴보건대
　거(居)한 상태에서 가히 알려니와 지혜로운 자가 그 단사(象辭)를 살펴보게 되면 그 생각함이 절반은 넘을 수 있을 것이다.

第三節　易之爲書(三)

　易之爲書也 不可遠이오 爲道也 屢遷이라
　變動不居하야 周流六虛하야 上下无常하며 剛柔相易하야 不可爲典要오 唯變所適이니라

역이란 어떤 책(글)인가. 멀리함이 옳지 않고,
道의 됨이 자주 옮기는지라 변동하여 머물러 있지
않음으로써 여섯 자리(六虛 또는 천지사방)에 두루
이행(移行)하야 오르고 내림이 무상하며,
剛과 柔가 서로 바뀌므로 가히 고정된 법규로 삼을
수 없고, 오직 변하는 데에 따라가는 것이다.

變動은 以利言하고 吉凶은 以情遷이라
是故로 愛惡相攻而吉凶이 生하며
遠近이 相取而悔吝이 生하며
情僞 相感而利害生하나니
凡易之情이 近而不相得하면 則凶或害之하며 悔且吝하나리라

변동은 이로울 것을 생각해서 말하고
길흉은 마음속에 품은 대로 옮겨지는지라
이러므로 사랑하고 미워함이 서로 다퉈서 길과 흉이
생기며,
멀리서와 가까이서 서로 취함으로써 후회와 인색함이
생기며, 실상과 거짓이 서로 교감하여 이로움과 해로움이
생겨나니,
무릇 易의 정황이 가까이하고서도 서로 얻지 못한, 즉
흉하거나 혹 해로운 데 이를 것이며, 후회되거나 또한
인색한 꼴만 당하느니라.

將叛者는 其辭慙하고 中心疑者는 其辭枝하고
吉人之辭는 寡하고 躁人之辭는 多하고
誣善之人은 其辭游하고 失其守者는 其辭屈하니라

장차 배반하려는 사람은 그 말에 부끄러움이 있고,
중심에 의심을 가진 사람은 그 말이 헷갈린다.
당장 신세가 좋은 사람은 말이 적고, 조급한 사람은
그 말이 너무 수다스럽다.
또 남을 속이고자 하는 사람은 그 말을 헛되이 한다.
그리고 지조를 잃은 사람은 그 말이 비굴하니라.

其出入以度하야 外內에 使知懼하며 又明於憂患與故라 无有師
保나 如臨父母니라 初率其辭而揆其方컨대
旣有典常이어니와 苟非其人이면 道虛而不行하나니라

그 나가고 들어옴을 법도로써 하야 안과 밖을 언제나 두려움으
로 경계하도록 하며, 또 우환과 더불어 연고를 밝히는지라 스승의
보호함이 있지 아니하나 부모 앞에 임(臨)함같이 할지니라.
처음부터 그 말을 좇아서 그 방법이 어찌된 것인지 헤아리건대
거기에는 이미 법례와 상도라는 원리가 있거니와 진실로 그런 인
격이 아니라면 도(道)를 아무것도 아니라 (虛로) 여기고 행하지 아
니하느니라.

이 제5장 제3절의 글은 역을 공부하는 사람으로서 그 몸소 하는

행동과 대인관계의 행위의 의의를 본으로 하여 이루어진 글이므로 깊이 새겨두어야 할 것이다. (下繫 끝)

補　說　篇

1. 說卦傳(第一・二・三章) 解義

第一章 蓍(시)와 數 그리고 卦爻說

昔者 聖人之作易也에 幽贊於神明而生蓍하고

옛날 성인이 역(易)을 지으실 적에, 보다 그윽이 신명을 기림으로써 시초(蓍草)가 절로 생겨 나오고,

위의 글은 卜筮할 경우 사용하는 算策(산가지. 大衍數 五十)의 原資材인 蓍草(시초)가 自生한 것임을 밝힌 글이다. 이 시초라는 풀(草)은 卜筮로서 宇宙 自然界의 神明과 通할 수 있는 人物이 있어야만 그 사람을 위하여 自生하는 것으로 전해져 있다.

參天兩地而倚數하고

하늘의 수에 땅을 짝으로 해서 그 이치를 밝히시고,

이 글은 繫辭上傳 제4장(改修篇)의 머리글인 '天地之數'의 本原

을 밝힌 것이다. 이 글을 해석하면 天地人 三才 중에 無常 變化하는 眞理的인 數(密密叢立 參差(참치)不齊한 數)를 함유하고 있는 天에 地를 짝으로 하여 天一, 地二, 天三, 地四, 天五, 地六, 天七, 地八, 天九, 地十이라는 數를 立案해서 밝힌 것을 明示한 것이다.

이 數는 鬼神이 行하는 數, 즉 陰陽五行의 數 또는 河圖와 洛書의 數의 本原인 것이다. '參天兩地'의 音은 '참천양지', '兩'은 '짝(配)'이라는 뜻이다.

'倚'의 음은 '기'이며, 뜻은 '立'이며 '立은 '明'이며 곧 '立案해서 밝힘'의 뜻이다. '數'는 이치(理致) 수, 헤아림 수(計算)이다.

觀變於陰陽而立卦하고 發揮於剛柔而生爻라

천지음양의 변화를 보고서 괘를 세우고
강과 유를 분별하여 밝힘으로써 효가 절로 생겨난지라.

(發은 밝힐 발, 揮는 분별할 휘)

이 글은 易이 六畫(획)으로 卦가 된 것을 살펴보아서 本經의 六十四卦에 序次를 立案하여 定하고, 다음은 剛爻(곧 有質體 奇劃 一)와 柔爻(곧 有質體 耦劃 −)를 분별하여 밝힘으로써 九이니 六이니 하는 爻가(곧 初九, 九二 또는 初六, 六二 하는 爻名이) 절로 생겨나게 된 것이다.

그리고 이 글은 繫辭下傳 제3장의 머리글인 "乾坤 易之門也"라 한 데서 "乾 陽物也, 坤 陰物也라" 했으니, 이 陰陽이 合德하여 剛柔가 有體라는 뜻의 본원을 밝힌 것이다.

第二章 倫理的 次元의 仁義說

昔者聖人之作易也는 將以順性命之理니

是以立天之道曰 陰與陽이오 立地之道曰 柔與剛이오

옛적 성인이 易을 지음은 장차 그로써 性命의 이치를 따르고자
함이니, 이로써 하늘의 도를 세워 이르되 陰과 陽이요, 땅의 도를
세워 이르되 柔와 剛이요,

立人之道曰 仁與義니 兼三才而兩之라

故로 易이 六畫而成卦하고 分陰分陽하며 迭用柔剛이라 故로
易이 六位而成章하니라

사람의 도를 세워 이르되 仁과 義라 하니, 三才를 겸하여 두 번
한지라 그러므로 易이 六획으로 괘를 이루고, 陰을 나누고 陽을
나누며 柔와 剛이 서로 갈마들여 쓰이는지라 그러므로 易이 여섯
자리로 서 현상을 이루니라.

저 繫辭下傳 제5장(改修篇)의 머리글에 "易之爲書也 廣大悉備하
야 有天道焉하며 有人道焉하며 有地道焉하니 兼三才而兩之라 故로
六이니 六者는 非他也라 三才之道也"라 하였다. 이 글은 天地人 三
才의 說을 인간 목전에 나타나 보이는 대로 쓰신 것에 대비해서 이
說卦傳에서는 이 글과 같이 문장이 이루어져 있는데, 이 글의 본원은

이 제5장의 머리글에 두고 있는 것이다. 특히 이 글에서 "立人之道曰
仁與義"라 한 것은 후세인들에게 易을 다만 卜筮의 書로서가 아니라
倫理學으로서도 보고 또는 倫理的으로 응용토록 하는 데 그 뜻이 있
기 때문일 터이니 오늘날의 우리 후학들은 이 점에 유의하기 바란다.

和順於道德而理於義하며 窮理盡性하야 以至於命하니라

도와 덕에 화순하는 것이 의로움의 도리이며, 이치를 궁구하야
자연으로 품부된 性을 다하는 것이 천명에 지극히 함이니라.

이 글은 원래 제1장에 속해 있던 글이지만 제2장 머리글인 "將
以順性命之理"라 한 글에 후속하는 문맥을 가졌으므로 여기로 옮
긴 것이다.

第三章 伏羲八卦의 氣局說

**天地 定位하며 山澤이 通氣하며 雷風이 相薄하며 水火 不相射
하야 八卦相錯하니**

천지가 자리를 정하고 산과 못이 기운을 통하며, 우레와 바람이
서로 부딪히며, 물과 불이 서로 싫어하지 않음으로 하야 팔괘가 서
로 어울리는 것이다.

이 글은 宇宙自然의 攝理와 伏羲八卦圖와의 관계를 설명한 것이다.

數往者는 順코 知來者는 逆하니 是故로 易은 逆數也라

가고 가는 것을 헤아림은 順으로 하고, 오고 오는 것을 아는 것은 거스름이다. 그러므로 易은 거슬러 헤아림이다.

이 글은 우리 人間事에 대한 것으로서 이왕의 지나간 일을 헤아리는 것은 順이요, 매사에 오는 일을 아는 것은 逆이니 이런고로 易은 헤아리는 것을 逆으로 한다 한 것이다.

또한 이 글은 바로 이 장의 머리글인 "天地定位"에서 伏羲八卦圖의 순서를 설명한 것이기도 한데, 여기서 易은 逆數라 함은 乾一, 兌二, 離三, 震四, 巽五, 坎六, 艮七, 坤八의 순으로 되어 있는 것을 지칭함이다. 다시 이것을 자세히 설명하면 다음과 같다.

이 '易은 逆數라' 함은 바로 앞글에서 宇宙自然의 攝理와의 관계라 함과 같이 자연의 기후는 一年 중에 순환하는 氣가 冬至(子之半)에서부터 夏至까지는 陽氣가 상승하고, 夏至에서부터 冬至까지는 陰氣가 상승하는데, 易의 八卦의 순서는 陽分野(동지에서 하지까지)에서나 陰分野(하지에서 동지까지)에서나 모두 다 逆으로 셈한다(곧 上에서부터 下로 내리 셈한다). 그러므로 易은 逆數라 한 것이다.

그리고 또 이 易이라는 글이 萬事에 豫知를 목적으로 成案된 글이므로 저 未來事를 알려는 것 자체가 곧 逆數라는 의미를 함유하고 있는 것이다. 이 점을 좀 더 자세히 알고자 하면 伏羲八卦圖의 괘 순서를 상고하기 바란다.

2. 易經의 天地之數와 河圖·洛書說

周易 繫辭上傳 제4장 제1절(改修篇)의 첫머리에 "天一, 地二, 天三, 地四, 天五, 地六, 天七, 地八, 天九, 地十"이라고 서술되어 있다. 이 글에 나타나 있는 數는 하늘과 땅 사이(天地之間)에 포함하여 있는(包有) 바 眞理 本然의 數이다. 그리고 '河圖와 洛書'로서 인간 세상에 나타내 보인(露呈시킨) 數는 天地의 陰陽 二氣와 五行(水火木金土)이 相生 相剋으로 運行하는 氣局數이다.

이 河圖洛書의 數와 저 '天一 地二'하는 天地之數의 理勢를 동일개념으로 보지 말아야 한다. 저 '天地之數'의 글 아래에 "凡天地之數 五十有五니 此所以成變化하며 而行鬼神也라" 서술하고 다음 이어서 "參伍以變하며 錯綜其數하야 通其變하야 遂成天地之文"이라 하고 또 이어서 "極其數하야 遂定天下之象"이라 서술되어 있다.

그런데 '河圖와 洛書의 數'에 대해서는 계사전에 있어서 다만 "河出圖 洛出書 聖人則之"라고만 서술되어 있을 뿐이다. 이 점에 대해서 공자께서는 이 數로 연유해서 이 인간 세상에 卜筮 외에 수많은 陰陽術書가 있는 것을 알면서도 인생이 세상에 처신하는데 仁義道德을 본으로 하고 그밖에는 전부 다 餘事로 생각하신 까닭으로 더 자세한 말씀이 없었던 것으로 여겨진다.

다음으로 '始作八卦와 卦圖說'에 대해서 고찰해 보고자 한다. '始作八卦'의 說은 본 계사상전 제3장 제3절에 서술되어 있는 바와 같다. "古者包犧氏之王天下也에 仰則觀象於天하고 俯則觀法於地하되 觀鳥獸之文이 與地之宜하며 近取諸身하고 遠取諸物하야 於是에 始作八卦하야 以通神明之德하며 以類萬物之情하니라."

이 '始作八卦'에 대해서 孔子와 朱子는 그 원인을 '仰觀俯察'에 있음은 同一視하고 있으나 다만 卦圖와 畫(획)面에 대해서는 異見이 생겨 있는 것이다. 孔子의 卦圖의 說은 계사상전 제1장 제2절에 "聖人設卦 觀象繫辭焉"이라 한 題下의 설명과 같으며, 朱子의 八卦圖畫說은 다음과 같다. "奈何오 曰則河圖者는 虛其中하고 則洛書者는 總其實也니 河圖之虛五與十者太極也오 奇數二十偶數三十者는 兩儀也며 以一二三四爲六七八九者는 四象也라 析四方之合이 以爲乾坤坎離하고 補四隅之空이 以爲兌震巽艮者 八卦也라."

이 朱子의 논지를 살펴볼 때, 上文의 '奈何오' 이하의 설명은 易의 八卦圖面을 橫圖로 作圖하고 나서 이 橫圖를 圓圖로 바꾸는 데서 일어난 발상일 것이라고 여겨진다. 이 점에 대해서는 심사숙고함이 요망된다. 朱子의 圖說 중의 圓圖와 方圖의 說은 圓圖는 天을 상징한 것이며 方圖는 地를 상징한 것이다. 그러나 孔子의 卦圖說은 天地人의 三才가 倂合하여 卦가 이루어졌으므로 方圓圖가 따로 있을 수가 없는 것이다.

3. 孔子의 易經 彖辭 중의 卦象 應用說

易 本經의 彖辭(彖傳) 중에는 대체적으로 '剛柔'라는 두 문자가 씌어져 있으며, 그 '剛 또는 柔' 아래에 혹 來, 進, 上, 下, 內, 外 라는 문자들이 기록되어 있다. 이 글자들의 의미는 그 卦에 대한 觀象玩辭에 따라서 그 卦의 應用의 實狀을 명시하고 있는 것이며 그 卦의 卦變을 설명한 것이 아니다. 그러므로 易의 各 卦 아래의 彖辭를 보고 해석할 때에는 程子나 朱子의 卦辭說(卦變說)과는 그 사고가 완전히 다름을 알고 보아야 할 것이다.

易經의 각 卦와 그 卦象에 대하여 觀象玩辭할 적에 64괘 중에서 乾坤 두 괘를 제외한 62괘를 本으로 하되 그 62괘의 卦象은 乾과 坤의 두 卦를 基本으로 삼고 있는 것이며 또한 그 위에 해당 卦의 6爻 중에서 어느 爻로서 應用의 關鍵으로 삼았느냐 하는 데에 최대의 중요성이 있는 것이다.

繫辭下傳 제3장(改修篇)의 글 중에, "乾 陽物也, 坤 陰物也"라 하였는바 易의 64卦 384爻 중에서 192의 陽爻는 모두 다 乾의 소속물이며, 192의 陰爻는 坤의 소속물인 것이다. 그러므로 각 卦 중의 각 爻의 乾(陽物) 또는 坤(陰物)의 表示를 九와 六으로 삼은 것이다.

그리고 易의 卦(6획괘)는 기본적으로 上卦와 下卦 또는 內卦와 外卦로 구성되어 있는데, 陽物(奇畫)으로 응용된 爻가 內卦에 있을 경우에는 혹 內, 來, 下로 쓰고 外卦에 있을 경우에는 혹 進, 上, 外라고 하였다. 그러므로 선현들이 어느 卦가 變해서 이 卦로 되었다 하는 卦變說과는 전혀 다른 것이다. 만약 괘변설을 주장한다면, 例를 들어서 山火賁卦의 象傳에서 "柔來而文剛故로 亨하고 分剛하야 上而文柔"라 함은 어찌 됨인가. 이 卦의 論旨는 우선 이 卦의 卦名이 山火賁卦이기 때문이며 또 本卦의 表象을 內乾 外坤으로 본 데서 생긴 문장이다. 다음 글을 보자.

앞에서 인용한 繫辭下傳 제3장(改修篇)의 머리글을 다시 보면, "子曰 乾坤易之門耶. 乾 陽物也, 坤 陰物也 陰陽合德 而剛柔有體 以體天地之撰 以通神明之德"이라 하고 또 계사상전 제1장 제2절 중에 "八卦以象告 爻彖以情言(爻者 言乎變者也 彖者 言乎 象者也)"이라 하였는바 이 글에 큰 뜻이 함유되어 있는 것이다. 易經에서 孔子의 저술인 계사전만 완전히 해득한다면 易 本經의 彖辭와 象辭의 奧義를 바르게 透得할 수 있을 것이다. 이 점 독자는 심사숙고하기 바란다.

(위의 글 중 '剛柔有體'라 함은 震坎艮의 少陽卦와 巽離兌의 少陰卦를 뜻한다. '以體天地之撰'의 '撰'(선)은 법(則 곧 道理)의 뜻으로 풀이한다. '爻彖以情言'의 '爻와 彖'은 繫上 제1장 제3절의 "爻者 言乎變者也 彖者 言乎象者也"라 한 글을 참고하기 바란다).

4. 繫辭傳 中의 '子曰' 二字에 대한 考察

계사전(상하편) 全文 중에서 '子曰'이라는 文句만을 헤아려보면 상편이 14번, 하편이 10번 도합 24차나 된다. 그것을 例示하면 다음과 같다.

계사상전:

(1) 子曰 易其至矣乎 云云(제3장 제1절)

(2) 子曰 君子居其室 云云(제3장 제3절)

(3) 子曰 君子之道 或出或處 云云(상동)

(4) 子曰 苟錯諸地 云云(상동)

(5) 子曰 勞而不伐有功而不德 云云(상동)

(6) 子曰 貴而无位 高而无民 云云(상동)

(7) 子曰 亂之所生也 云云(상동)

(8) 子曰 作易者其知盜乎 云云(상동)

(9) 子曰 知變化之道者 其知神之所爲乎云云(제4장 제1절)

(10) 子曰 易有聖人之道 四焉者 云云(제4장 제2절)

(11) 子曰 夫易何爲者也 云云(제4장 제3절)

(12) 子曰 祐者助也 云云(제5장 제2절)

(13) 子曰 書不盡言 云云(제5장 제3절)

(14) 子曰 聖人立象 以盡意 云云(상동)

계사하전:

(1) 子曰 天下何事何慮 云云(제2장 제3절)

(2) 子曰 非所困而困焉 云云(상동)

(3) 子曰 隼者禽也 弓矢者器也 云云(상동)

(4) 子曰 小人 不恥不仁不畏不義 云云(상동)

(5) 子曰 危者安其位者也 云云(상동)

(6) 子曰 德薄而位尊 知小而謀大 云云(상동)

(7) 子曰 知幾其神乎 云云(상동)

(8) 子曰 顏氏之子其殆庶幾乎 云云(상동)

(9) 子曰 君子安其身而後動 云云(상동)

(10) 子曰 乾坤其易之門耶 云云(제3장 제1절)

이상의 例文과 같이 주역 계사전(全文) 중에 24차에 이르는 '子曰'에 대한 고찰은 계사전이 孔子의 所述이라는 學說과 관련이 있는 문제로서 의의가 있다. 먼저 朱子가 이 문제에 대해 언급한 글들을 검토해 보면 다음과 같다.

朱子는 그의 '易本義' 繫辭傳 註釋의 첫머리에서 "此篇은 乃孔子所述繫辭之傳也니 以其通論一經之大體凡例라" 하고, 계사상전 제7장에서 "子曰 易其至矣乎 云云"(개수편 제3장 제1절) 한 글의 註에 "十翼은 皆夫子(孔子)所作이로되 不應自著이어시늘 '子曰'字는 疑皆後人所加也"라 하고 있다.

그리고 또 제12장에 "子曰 書不盡言 云云(제5장 제3절)"과 "子曰 聖人立象以盡意 云云(상동)"한 글에서 "兩 '子曰' 字 疑衍其一이니 蓋 '子曰' 字는 皆後人所加故로 有此誤라. 如近世通書는 乃周子所自作이어늘 亦爲後人이 每章에 加以 '周子曰' 字로 其設問答處에 正如此也라" 하였다. 주자에 따르면, 본 계사전을 비롯한 '十翼'이 孔子께서 친히 쓰신 문사라는 것과 어떤 後人이 공자를 존숭하는 뜻에서 '子曰'을 이 계사전에 加入한 것이라 하고 있다.

이 '子曰'이라는 文句가 繫辭 上下傳에 있는 것이 모두 24차인데, 그런 중에 子曰이라는 문자와 연계된 文脈을 관찰하여 볼 때, 17차는 다 爻辭 안에 있으며 이것은 역경 중의 周公이 쓰신 爻辭와 분별을 두기 위한 것이라 사료된다. 그 밖에 7차에 이르는 '子曰'이라는 문자는 그 문맥이 동일한 글자로서 상문과는 달리 文體를 세우려 하는 경우(例로 '易其至矣乎', '夫易何爲者也', '乾坤易之門')이거나, 아니면 前文의 文章이나 文節에서 끝을 짓는 데 특수성이 있는 結語辭的 次元에서 쓴 글이다. 그리고 이 '子曰'이라는 文句는 공자께서는 發語辭的 次元에서 다만 '曰'이라고만 썼는데 후생인 그 누군가가 聖人을 존숭하는 뜻에서 '子' 자를 더한 것으로 여겨진다. 그러므로 이 '子曰'이라는 문자로 인하여 계사전이 '孔子의 作'이니 아니니 하는 것은 온당치 않다고 필자로서는 생각한다.

이 문제에 있어서 재론을 허락한다면, 이 계사전 중의 子曰이라는 문자는 그 기본이 이미 쓴 글자의 뜻을 다시 밝히기 위하여 쓸 경우에 文勢上 自問自答하는 형식으로 또는 前文에서 쓴 문자와 동일한 문자를 그 뜻을 재차 밝히기 위해 다만 '曰' 자만을 공자가 쓰셨는데, 후세의 어떤 이가 '子' 자를 더한 것으로 여겨진다. 예를

들면, 첫째로, (1) 子曰 易其至矣乎 云云(제3장 제1절)한 문단의
이 '易' 자는 이왕의 상계 제7장의 緒頭辭 중의 '夫易'이라 한 데
("夫易聖人所以崇德而廣業也")에서 이 '易' 字의 뜻을 재차 밝히
기 위하여 首文으로 '子曰'을 쓴 것이다.

　다음 둘째로, (9) 子曰 知變化之道者 其知神之所爲乎 云云(제4
장 제1절)한 글의 '子曰'은 같은 章節의 2단문의 말미에 "此所以
成變化而行鬼神也"라 한 文句와, 그 다음에 이어진 첫째, 둘째,
셋째, 넷째 문단에서 매 문단 말미에 "其孰能與於此"라 한 글들에
대한 答辭 格으로 쓴 것이다.

　다음 셋째로, (10) 子曰 易有聖人之道 四焉者 云云(제4장 제2
절)한 이 글의 '子曰'은 바로 직전의 문단에 있는 "易有聖人之道
四焉" 云云한 것을 재차 강조해하는 데 表語로 쓴 것이다.

　다음 넷째로, (11) 子曰 夫易何爲者也 云云(제4장 제3절)한 글의
'子曰'은 그 앞 절(제2절) 머리글에 "夫易聖人之所以極深而研幾
也" 중의 '夫易'이라고 쓴 문자를 다시 쓰는 데(復書) 연유해서 쓴
것이다.

　다음 다섯째로, (13) 子曰 書不盡言 云云(제5장 제3절)한 글은
계사상전을 마무리하는 차원에서 쓴 '子曰'이다.

　다음 여섯째로, (14) 子曰 聖人立象 以盡意 云云(상동)의 것은
바로 앞글의 答辭로서 쓴 '子曰'인 것이다.

　다음 繫辭下傳에서는,

　첫째로, 제3장 머리글에 (10) 子曰 乾坤其易之門耶 云云(제3장
제1절)한 글 중의 '子曰'은 하계 제1장 제1절 머리글에 "乾坤其易
之縕也"라 한 글의 '乾坤' 자를 다시 쓰는 데 表語로서 쓴 자이다.

둘째로, 제5장에서 "易之爲書也"라고 '易' 자를 세 번씩이나 復
書하면서도 아무런 표시('子曰')가 없는데, 이는 이 글이 '易' 자의
뜻풀이가 아니기 때문이다. 이 점 참고가 요망된다.

끝으로 우리가 '子曰' 두 자를 고찰할 적에, ('曰'은 '다시 이를
왈' 謂也) '曰' 자 위의 '子' 자는 爻辭에 있는 것은 그대로 두되
그 밖의 나머지 文句 중의 '子' 자는 지우고 '曰'로만 읽어도 가하
다고 생각한다. 그래야 '子曰'이라고 한 문사만이 孔子의 글이고
그 밖에는 다 공자가 아닌 타인의 글이라 주장함을 막을 수 있기
때문이다. 오직 그래야만이 계사전이 공자의 소술임을 확실히 주장
할 수 있다고 생각한다. (끝)

附 錄 篇

附錄 Ⅰ

原本周易 繫辭傳 全文

繫辭上傳

第一章

天尊地卑하니 乾坤이 定矣오 卑高以陳하니 貴賤이 位矣오 動靜有常하니 剛柔 斷矣오 方以類聚코 物以群分하니 吉凶이 生矣오 在天成象코 在地成形하니 變化 見矣라.

是故로 剛柔-相摩하며 八卦-相盪하야 鼓之以雷霆하며 潤之以風雨하며 日月이 運行하며 一寒一暑하야 乾道 成男하고 坤道 成女하니 乾知大始요 坤作成物이라

乾以易知요 坤以簡能이니 易則易知요 簡則易從이요 易知則有親이요 易從則有功이요 有親則可久-요 有功則可大-요 可久則賢人之德이요 可大則賢人之業이니 易簡而天下之理 得矣니 天下之理 得而成位乎其中矣니라

第二章

聖人이 設卦하야 觀象繫辭焉하야 而明吉凶하며 剛柔相推하야 而生變化하니

是故로 吉凶者는 失得之象也오 悔吝者는 憂虞之象也오 變化者는 進退之象也오 剛柔者는 晝夜之象也오 六爻之動은 三極之道也니

是故로 君子 所居而安者는 易之序也오 所樂而玩者는 爻之辭也니

是故로 君子 居則觀其象而玩其辭하고 動則觀其變而玩其占하나니 是以自天祐之하야 吉无不利니라

第三章

彖者는 言乎象者也오 爻者는 言乎變者也오 吉凶者는 言乎其失得也오 悔吝者는 言乎其小疵也오 无咎者는 善補過也니

是故로 列貴賤者는 存乎位하고 齊小大者는 存乎卦하고 辯吉凶者는 存乎辭하고 憂悔吝者는 存乎介하고 震无咎者는 存乎悔하니

是故로 卦有小大하야 辭有險易하니 辭也者는 各指其所之니라

第四章

易이 與天地準이라 故로 能彌綸天地之道하나니

仰以觀於天文하고 俯以察於地理라 是故로 知幽明之故하며 原始反終이라 故로 知死生之說하며 精氣爲物이오 游魂爲變이라 是故로 知鬼神之情狀하나니라

範圍天地之化而不過하며 曲成萬物而不遺하며

通乎晝夜之道而知라 故로 神无方而易无體하나니라

第五章

一陰一陽之謂 道니 繼之者 善也오 成之者 性也라 仁者 見之에 謂之仁하며 知者─見之에 謂之知요 百姓은 日用而不知라 故로 君子之道 鮮矣니라

顯諸仁하며 藏諸用하야 鼓萬物而不與聖人同憂하나니 盛德大業이 至矣哉라

富有之謂 大業이오 日新之謂 盛德이오 生生之謂 易이요 成象之謂 乾이오 爻法之謂 坤이오 極數知來之謂 占이오 通變之謂 事요 陰陽不測之謂 神이라

第六章

夫易이 廣矣大矣라 以言乎遠則不禦하고 以言乎邇則靜而正하고 以言乎天地之間則備矣라

夫乾은 其靜也 專하고 其動也 直이라 是以大 生焉하며 夫坤은

其靜也 翕하고 其動也 闢이라 是以廣이 生焉하나니

　廣大는 配天地하고 變通은 配四時하고 陰陽之義는 配日月하고
易簡之善은 配至德하니라

第七章

　子曰 易이 其至矣乎인져 夫易은 聖人이 所以崇德而廣業也－
니 知는 崇코 禮는 卑하니 崇은 效天하고 卑는 法地하니라

　天地 設位어든 而易이 行乎其中矣니 成性存存이 道義之門이라

第八章

　聖人이 有以見天下之賾하야 而擬諸其形容하며 象其物宜라 是
故謂之象이오

　聖人이 有以見天下之動하야 而觀其會通하야 以行其典禮하며
繫辭焉하야 以斷其吉凶이라 是故謂之爻니

　言天下之至賾호대 而不可惡也며 言天下之至動호대 而不可亂也니

　擬之而後에 言하고 議之而後에 動이니 擬議하야 以成其變化하니라

　鳴鶴이 在陰이어늘 其子 和之로다 我有好爵하야 吾與爾靡之라
하니 子曰 君子 居其室하야 出其言에 善이면 則千里之外 應之하
나니 況其邇者乎여 居其室하야 出其言에 不善이면 則千里之外
違之하나니 況其邇者乎여 言出乎身하야 加乎民하며 行發乎邇하

야 見乎遠하나니 言行은 君子之樞機니 樞機之發이 榮辱之主也라
言行은 君子之所以動天地也니 可不愼乎아

同人이 先號咷而後笑라 하니 子曰 君子之道 或出或處或默或語
나 二人이 同心하니 其利 斷金이로다 同心之言이 其臭 如蘭이로다

初六藉用白茅니 无咎라 하니 子曰 苟錯諸地라도 而可矣어늘
藉之用茅하니 何咎之有리오 愼之至也라 夫茅之爲物이 薄而用은
可重也니 愼斯術也하야 以往이면 其无所失矣리라

勞謙이니 君子 有終이니 吉이라 하니 子曰 勞而不伐하며 有功
而不德이 厚之至也－니 語以其功下人者也라 德言盛이오 禮言恭
이니 謙也者는 致恭하야 以存其位者也라

亢龍이니 有悔라 하니 子曰 貴而无位하며 高而无民하며 賢人
이 在下位而无輔라 是以動而有悔也니라

不出戶庭이면 无咎－라 하니 子曰 亂之所生也－則言語－以爲
階니 君不密則失臣하며 臣不密則失身하며 幾事 不密則害成하나
니 是以君子 愼密而不出也하나니라

子曰 作易者 其知盜乎인져 易曰 負且乘이라 致寇至라 하니 負
也者는 小人之事也오 乘也者는 君子之器也－니 小人而乘君子之
器라 盜 思奪之矣며 上을 慢코 下를 暴라 盜 思伐之矣니 慢藏이
誨盜며 冶容이 誨淫이니 易曰 負且乘致寇至라 하니 盜之招也라

第九章

天一 地二 天三 地四 天五 地六 天七 地八 天九 地十이니 天

數 五요 地數 五니 五位相得하며 而各有合하니 天數 二十有五요
地數 三十이라

凡天地之數 五十有五니 此 所以成變化하며 而行鬼神也라

大衍之數 五十이니 其用은 四十有九라 分而爲二하야 以象兩하
고 掛一하야 以象三하고 揲之以四하야 以象四時하고 歸奇於扐하
야 以象閏하나니 五歲에 再閏이라 故로 再扐而後에 掛하나니라

乾之策이 二百一十有六이오 坤之策이 百四十有四라 凡三百有
六十이니 當期之日하고 二篇之策이 萬有一千五百二十이니 當萬
物之數也하니

是故로 四營而成易하고 十有八變而成卦하니

八卦而小成하야 引而伸之하며 觸類而長之하면 天下之能事 畢
矣리니 顯道하고 神德行이라

是故로 可與酬酢이며 可與祐神矣니

子曰 知變化之道者 其知神之所爲乎인져

第十章

易有聖人之道 四焉하니 以言者는 尙其辭하고 以動者는 尙其
變하고 以制器者는 尙其象하고 以卜筮者는 尙其占하나니

是以君子 將有爲也하며 將有行也에 問焉而以言하거든 其受命
也 如嚮하야 无有遠近幽深히 遂知來物하나니 非天下之至精이면
其孰能與於此리오

參伍以變하며 錯綜其數하야 通其變하야 遂成天地之文하며 極

其數하야 遂定天下之象하니 非天下之至變이면 其孰能與於此리오

易은 无思也하며 无爲也하야 寂然不動이라가 感而遂通天下之故하나니 非天下之至神이면 其孰能與於此리오

夫易은 聖人之所以極深而研幾也니

唯深也故로 能通天下之志하며 唯幾也故로 能成天下之務하며 唯神也故로 不疾而速하며 不行而至하나니

子曰 易有聖人之道四焉者 此之謂也라

第十一章

子曰 夫易은 何爲者也오 夫易은 開物成務하야 冒天下之道하나니 如斯而已者也라 是故로 聖人이 以通天下之志하며 以定天下之業하며 以斷天下之疑하나니라

是故로 蓍之德은 圓而神이오 卦之德은 方以知요 六爻之義는 易以貢이니 聖人이 以此로 洗心하야 退藏於密하며 吉凶에 與民同患하야 神以知來코 知以藏往하나니 其孰能與於此哉리오 古之聰明叡智神武而不殺者夫인져

是以明於天之道而察於民之故하야 是興神物하야 以前民用하니 聖人이 以此齋戒하야 以神明其德夫인져

是故로 闔戶를 謂之坤이오 闢戶를 謂之乾이오 一闔一闢을 謂之變이오 往來不窮을 謂之通이오 見을 乃謂之象이오 形을 乃謂之器요 制而用之를 謂之法이오 利用出入하야 民咸用之를 謂之神이라

是故로 易有太極하니 是生兩儀하고 兩儀－生四象하고 四象이 生八卦하니 八卦 定吉凶하고 吉凶이 生大業하나니라

是故로 法象이 莫大乎天地하고 變通이 莫大乎四時하고 縣象著明이 莫大乎日月하고 崇高 莫大乎富貴하고 備物하며 致用하며 立成器하야 以爲天下利 莫大乎聖人하고 探賾索隱하며 鉤深致遠하야 以定天下之吉凶하며 成天下之亹亹者 莫大乎蓍龜하니라

是故로 天生神物이어늘 聖人이 則之하며 天地變化어늘 聖人이 效之하며 天垂象하야 見吉凶이어늘 聖人이 象之하며 河出圖하며 洛出書어늘 聖人이 則之하니

易有四象은 所以示也오 繫辭焉은 所以告也오 定之以吉凶은 所以斷也라

第十二章

易曰 自天祐之라 吉无不利라 하니 子曰 祐者는 助也니 天之所助者 順也오 人之所助者 信也니 履信思乎順하고 又以尙賢也라 是以自天祐之吉无不利也니라

子曰 書不盡言하며 言不盡意니 然則聖人之意를 其不可見乎아 子曰 聖人이 立象하야 以盡意하며 設卦하야 以盡情僞하며 繫辭焉하야 以盡其言하며 變而通之하야 以盡利하며 鼓之舞之하야 以盡神하니라

乾坤은 其易之縕耶인져 乾坤이 成列而易이 立乎其中矣니 乾坤이 毁則无以見易이오 易을 不可見則乾坤이 或幾乎息矣리라

是故로 形而上者를 謂之道요 形而下者를 謂之器요 化而裁之를 謂之變이오 推而行之를 謂之通이오 擧而措之天下之民을 謂之事業이라

是故로 夫象은 聖人이 有以見天下之賾하야 而擬諸其形容하며 象其物宜－라 是故謂之象이오 聖人이 有以見天下之動하야 而觀其會通하야 以行其典禮하며 繫辭焉하야 以斷其吉凶이라 是故謂之爻니

極天下之賾者는 存乎卦하고 鼓天下之動者는 存乎辭하고 化而裁之는 存乎變하고 推而行之는 存乎通하고 神而明之는 存乎其人하고 默而成之하며 不言而信은 存乎德行하니라

繫辭下傳

第一章

八卦成列하니 象在其中矣오 因而重之하니 爻在其中矣오 剛柔相推하니 變在其中矣오 繫辭焉而命之하니 動在其中矣라

吉凶悔吝者는 生乎動者也오 剛柔者는 立本者也오 變通者는 趣時者也라 吉凶者는 貞勝者也니

天地之道는 貞觀者也오 日月之道는 貞明者也오 天下之動은 貞夫一者也라

夫乾은 確然하니 示人易矣오 夫坤은 隤然하니 示人簡矣니

爻也者는 效此者也오 象也者는 像此者也라

爻象은 動乎內하고 吉凶은 見乎外하고 功業은 見乎變하고 聖人之情은 見乎辭하나니라

天地之大德曰生이오 聖人之大寶曰位니 何以守位오 曰仁이오 何以聚人코 曰財니 理財하며 正辭하며 禁民爲非 曰義라

第二章

古者包犧氏之王天下也에 仰則觀象於天하고 俯則觀法於地하며 觀鳥獸之文과 與地之宜하며 近取諸身하고 遠取諸物하야 於是에 始作八卦하야 以通神明之德하며 以類萬物之情하니

作結繩而爲網罟하야 以佃以漁하니 蓋取諸離하고

包犧氏沒커늘 神農氏作하야 斲木爲耜하고 揉木爲耒하야 耒耨
之利로 以敎天下하니 蓋取諸益하고

日中爲市하야 致天下之民하며 聚天下之貨하야 交易而退하야
各得其所케 하니 蓋取諸噬嗑하고

神農氏沒커늘 黃帝堯舜氏作하야 通其變하야 使民不倦하며 神
而化之하야 使民宜之하니 易이 窮則變하고 變則通하고 通則久라
是以自天祐之하야 吉无不利니 黃帝堯舜이 垂衣裳而天下治하니
蓋取諸乾坤하고

刳木爲舟하고 剡木爲楫하야 舟楫之利로 以濟不通하야 致遠以
利天下하니 蓋取諸渙하고

服牛乘馬하야 引重致遠하야 以利天下하니 蓋取諸隨하고

重門擊柝하야 以待暴客하니 蓋取諸豫하고

斷木爲杵하고 掘地爲臼하야 臼杵之利로 萬民이 以濟하니 蓋取
諸小過하고

弦木爲弧하고 剡木爲矢하야 弧矢之利로 以威天下하니 蓋取諸
睽하고

上古엔 穴居而野處－러니 後世聖人이 易之以宮室하야 上棟下
宇하야 以待風雨하니 蓋取諸大壯하고

古之葬者는 厚衣之以薪하야 葬之中野하야 不封不樹하며 喪期－
无數러니 後世聖人이 易之以棺槨하니 蓋取諸大過하고

上古엔 結繩而治러니 後世聖人이 易之以書契하야 百官이 以治
하며 萬民이 以察하니 蓋取諸夬니라

第三章

是故로 易者는 象也니 象也者는 像也오

象者는 材也오 爻也者는 效天下之動者也니

是故로 吉凶이 生而悔吝이 著也니라

第四章

陽卦는 多陰하고 陰卦는 多陽하니

其故는 何也오 陽卦는 奇오 陰卦는 耦일새라

其德行은 何也오 陽은 一君而二民이니 君子之道也오 陰은 二君而一民이니 小人之道也라

第五章

易曰 憧憧往來면 朋從爾思라 하니 子曰 天下 何思何慮리오 天下 同歸而殊塗하며 一致而百慮니 天下－何思何慮리오

日往則月來하고 月往則日來하야 日月이 相推而明生焉하며 寒往則暑來하고 暑往則寒來하야 寒暑－相推而歲成焉하니 往者는 屈也오 來者는 信也니 屈信이 相感而利生焉하니라

尺蠖之屈은 以求信也오 龍蛇之蟄은 以存身也오

精義入神은 以致用也오 利用安身은 以崇德也니

過此以往은 未之或知也니 窮神知化 德之盛也라

易曰 困于石하며 據于蒺藜라 入于其宮이라도 不見其妻니 凶이라 하니 子曰 非所困而困焉하니 名必辱하고 非所據而據焉하니 身必危하리니 旣辱且危하야 死期將至어니 妻其可得見邪아

易曰 公用射隼于高墉之上하야 獲之니 无不利라 하니 子曰 隼者는 禽也오 弓矢者는 器也오 射之者는 人也니 君子藏器於身하야 待時而動이면 何不利之有리오 動而不括이라 是以出而有獲하나니 語成器而動者也라

子曰 小人은 不耻不仁하며 不畏不義라 不見利면 不勸하며 不威면 不懲하나니 小懲而大誡 此 小人之福也라 易曰 屨校하야 滅趾니 无咎라 하니 此之謂也라

善不積이면 不足以成名이오 惡不積이면 不足以滅身이니 小人이 以小善으로 爲无益而弗爲也하며 以小惡으로 爲无傷而弗去也라 故로 惡積而不可掩이며 罪大而不可解니 易曰 何校하야 滅耳니 凶이라 하니라

子曰 危者는 安其位者也오 亡者는 保其存者也오 亂者는 有其治者也니 是故로 君子 安而不忘危하며 存而不忘亡하며 治而不忘亂이라 是以身安而國家를 可保也니 易曰其亡其亡이라야 繫于苞桑이라 하니라

子曰 德薄而位尊하며 知小而謀大하며 力小而任重하면 鮮不及矣나니 易曰 鼎이 折足하야 覆公餗하니 其形이 渥이라 凶이라 하니 言不勝其任也라

子曰 知幾 其神乎인져 君子 上交不諂하며 下交不瀆하나니 其知幾乎인져 幾者는 動之微니 吉之先見者也ㅣ니 君子 見幾而作

하야 不俟終日이니 易曰 介于石이라 不終日이니 貞코 吉타하니 介如石焉커니 寧用終日이리오 斷可識矣로다 君子 知微知彰知柔知剛하나니 萬夫之望이라

子曰 顔氏之子 其殆庶幾乎인저 有不善이면 未嘗不知하며 知之-면 未嘗復行也하나니 易曰 不遠復이라 无祗悔니 元吉이라 하니라

天地-絪縕에 萬物이 化醇하고 男女 構精에 萬物이 化生하나니 易曰 三人行엔 則損一人코 一人行엔 則得其友라 하니 言致一也라

子曰 君子 安其身而後에아 動하며 易其心而後에아 語하며 定其交而後에아 求하나니 君子 修此三者故로 全也하나니 危而動하면 則民不與也코 懼以語하면 則民不應也코 无交而求하면 則民不與也하나니 莫之與하면 則傷之者 至矣나니 易曰 莫益之라 或擊之리니 立心勿恒이니 凶이라 하니라

第六章

子曰 乾坤은 其易之門也인저 乾은 陽物也오 坤은 陰物也니 陰陽이 合德하야 而剛柔 有體라 以體天地之撰하며 以通神明之德하니

其稱名也 雜而不越하나 於稽其類앤 其衰世之意耶인저

夫易은 彰往而察來하며 而微顯闡幽하며 開而當名하며 辨物하며 正言하며 斷辭하니 則備矣라

其稱名也 小하나 其取類也 大하며 其旨 遠하며 其辭 文하며
其言이 曲而中하며 其事 肆而隱하니 因貳하야 以濟民行하야 以
明失得之報니라

第七章

易之興也 其於中古乎인저 作易者 其有憂患乎인저

是故로 履는 德之基也오 謙은 德之柄也오 復은 德之本也오 恒
은 德之固也오 損은 德之修也오 益은 德之裕也오 困은 德之辨也
오 井은 德之地也오 巽은 德之制也라

履는 和而至하고 謙은 尊而光하고 復은 小而辨於物하고 恒은
雜而不厭하고 損은 先難而後易하고 益은 長裕而不設하고 困은
窮而通하고 井은 居其所而遷하고 巽은 稱而隱하니라

履以和行코 謙以制禮코 復以自知코 恒以一德코 損以遠害코
益以興利코 困以寡怨코 井以辨義코 巽以行權하나니라

第八章

易之爲書也 不可遠이오 爲道也 屢遷이라 變動不居하야 周流
六虛하야 上下 无常하며 剛柔 相易하야 不可爲典要오 唯變所適
이니

其出入以度하야 外內에 使知懼하며

又明於憂患與故라 无有師保나 如臨父母하니

初率其辭而揆其方컨대 旣有典常이어니와 苟非其人이면 道不虛
行하나니라

第九章

易之爲書也 原始要終하야 以爲質也코 六爻相雜은 唯其時物也라

其初는 難知오 其上은 易知니 本末也라 初辭擬之하고 卒成之
終하니라

若夫雜物과 撰德과 辨是與非는 則非其中爻면 不備하리라.

噫라 亦要存亡吉凶인댄 則居可知矣어니와 知者 – 觀其彖辭하
면 則思過半矣리라

二與四 同功而異位하야 其善이 不同하니 二多譽코 四多懼는 近
也일새니 柔之爲道 不利遠者컨마는 其要无咎는 其用柔中也일새라

三與五 同功而異位하야 三多凶코 五多功은 貴賤之等也일새니
其柔는 危코 其剛은 勝耶인저

第十章

易之爲書也 廣大悉備하야 有天道焉하며 有人道焉하며 有地道焉
하니 兼三才而兩之라 故로 六이니 六者는 非他也라 三才之道也니

道有變動이라 故曰 爻오 爻有等이라 故曰 物이오 物相雜이라
故曰 文이오 文不當이라 故로 吉凶이 生焉하니라

第十一章

易之興也 其當殷之末世周之成德耶인저 當文王與紂之事耶인저 是
故로 其辭 危하야 危者를 使平하고 易者를 使傾하니 其道 甚大하야
百物을 不廢하니 懼以終始면 其要 无咎리니 此之謂易之道也라

第十二章

夫乾은 天下之至健也니 德行이 恒易以知險하고

夫坤은 天下之至順也니 德行이 恒簡以知阻하나니

能說諸心하며 能研諸候之慮하야 定天下之吉凶하며 成天下之
亹亹者니

是故로 變化云爲에 吉事 有祥이라 象事하며 知器하며 占事하
야 知來하나니

天地設位에 聖人이 成能하니 人謀鬼謀에 百姓이 與能하나니라

八卦는 以象告하고 爻象은 以情言하니 剛柔-雜居而吉凶을 可
見矣라

變動은 以利言하고 吉凶은 以情遷이라 是故로 愛惡-相攻而吉
凶이 生하며 遠近이 相取而悔吝이 生하며 情僞 相感而利害 生하나
니 凡易之情이 近而不相得하면 則凶或害之하며 悔且吝하나니라

將叛者는 其辭 慙하고 中心疑者는 其辭 枝하고 吉人之辭는 寡
하고 躁人之辭는 多하고 誣善之人은 其辭 游하고 失其守者는 其
辭 屈하나니라(終)

附錄 Ⅱ
序次改修 繫辭傳 全文(對譯)

繫辭上傳

第一章

第一節

天尊地卑하니 乾坤이 定矣요 卑高以陳하니 貴賤이 位矣요 動
靜有常하니 剛柔斷矣요 方以類聚하며 物以羣分하니 吉凶이 生矣
요 在天成象하고 在地成形하니 變化見矣라.

是故로 剛柔相摩하며 八卦相盪하야 鼓之以雷霆하고 潤之以風
雨하며 日月이 運行하야 一寒一暑로다.

하늘은 높고 땅은 낮으니 건(乾)과 곤(坤)이 정하여진 것이요, 낮
음과 높음이 벌려져 있으니 귀히고 친한 자리(位)가 있는 것이요, 움
직임과 고요함에 항상 됨이 있으니 강(剛)함과 유(柔)함이 판가름된
다. 일은 부류를 따라 모이고 만물은 무리에 따라 나누어지나니, 길

함과 흉함이 저절로 생겨나고, 하늘에 있어서는 상(象)을 이루고 땅에 있어서는 모양(形)이 이루어지나니 여기에 변화가 나타나느니라.

이러므로 강함과 유함이 서로 접하며, 팔괘(八卦)가 서로 재능을 도움하야 만물의 본원을 진작시키되 우레와 그 울림소리로써 하고, 만물을 윤택하게 하되 바람과 비로써 하며, 해와 달이 운행하여 한 차례 추워지고 한 차례 더워진다.

乾道成男하고 坤道成女하며 乾知大始요 坤作成物이라.
乾以易知요 坤以簡能이니 易則易知요 簡則易從이요 易知則有親이요 易從則有功이며 有親則可久요 有功則可大며 可久則賢人之德이요 可大則賢人之業이라. 易簡而天下之理得矣니 天下之理得 而成位乎其中矣니라.

건(乾)의 도는 남성을 이루고 곤(坤)의 도는 여성을 이루며, 건은 모든 위대한 시작을 맡고 곤은 만물을 완성시킨다.

건(乾)은 일의 시작을 어렵지 않게 주관하며 곤(坤)은 모든 일을 성실히 가려서 처리하나니, 일에 어려움이 없으면 주관하기가 쉽고, 성심으로 가려서 처리하면 따르기가 쉬우며, 쉽게 다스리면 친함이 있는 것이요, 쉽게 따르면 공(功)이 있는 것이며, 친함이 있은즉 오래갈 수 있는 것이요, 공이 있은즉 크게 되는 것이며, 오래갈 수 있음은, 즉 현인의 덕(德)이요, 크게 됨은 곧 현인의 사업이다. 쉽고 간요(簡要)로서 능히 천하의 이법(理法)을 얻으니, 천하의 이법을 얻음으로써 이에 자리를 그 가운데 이루나니라.

第二節

聖人이 設卦하야 觀象繫辭焉하야 而明吉凶하며, 剛柔相推하야
而生變化하니 變化者는 進退之象也오, 剛柔者는 晝夜之象也오,
六爻之動은 三極之道也니라.

성인(聖人)이 괘(卦)를 베풀어서 상(象)을 살펴보고 말씀(辭)을 달
아서 길(吉)하고 흉(凶)한 일을 밝히었다. 강(剛)하고 유(柔)한 기
(氣)가 서로 밀쳐서 변화가 일어난다. 변화라는 것은 나아가고 물러
남의 상(象)이다. 강함과 유함이란 낮과 밤의 상(象)이다. 육효(六
爻)가 변동함은 삼극(三極) [天地人]의 도(道)이다.

是故로 易有太極하니 是生兩儀하고 兩儀生四象하고 四象이 生
八卦하니, 八卦로 定吉凶하고 吉凶이 生大業이라. 八卦는 以象
告하고 爻象은 以情言하니 剛柔雜居而吉凶을 可見矣라.

이러므로 역(易)에는 태극(太極)이 있으니, 이것이 양의(兩儀)를
낳고 양의는 사상(四象)을 낳으며 사상은 팔괘(八卦)를 낳고, 팔괘
는 길함과 흉함을 정하며 길흉은 큰 사업을 낳는다.

팔괘는 상(象)으로 알려주고 효사(爻辭)와 단사(象辭)는 실상(實
情)을 말한다. 강함과 유함이 섞여 있음으로 해서 길흉을 알아볼
수 있다.

是故로 吉凶者는 失得之象也오, 悔吝者는 憂虞之象也오.

이러므로 길하고 흉한 것은 얻음과 잃음의 상(象)이요, 뉘우치고 한탄하는 것은 근심과 걱정의 상이다.

是故로 君子 所居而安者는 易之序也오, 所樂而玩者는 爻之辭也니라.

이러므로 군자가 집에 있어서 안착된 마음으로 살펴야 할 바는 역(易)의 차례요, 즐겨서 익혀야 할 바는 여러 효의 사(爻辭)이다.

是故로 君子 居則觀其象 而玩其辭하고 動則觀其變 而玩其占하나니 是以로 自天祐之하야 吉无不利니라.

이러므로 군자가 안거(安居)한 때인즉 그 상(象)을 살펴보아서 그 글(辭)을 음미하여 보며, 움직일 때인즉 그 변화를 살펴보고 그 점(占)의 길흉을 익숙히 알아보나니 이럼으로써 하늘로부터 도움이 있어 길하고 이롭지 않음이 없는 것이다.

第三節

象者는 言乎象者也요, 爻者는 言乎變者也요.
吉凶者는 言乎其失得也요 悔吝者는 言乎其小疵也요
无咎者는 善補過也니라

단사(彖辭)는 상(象)을 말한 것이고, 효사(爻辭)는 변(變)을 말한 것이다. 길과 흉은 잃음과 얻음(失得)을 말한 것이며, 실수하다 인색하다 함(悔吝)은 그 조그마한 허물을 말한 것이다. 허물이 없다(无咎) 하는 것은 허물을 잘 보완한 것이다.

是故로　列貴賤者는　存乎位하고
齊小大者는　存乎卦하고　辯吉凶者는　存乎辭하고
憂悔吝者는　存乎介하고　震无咎者는　存乎悔하니
是故로　卦有小大하고　辭有險易하니　辭也者는　各指其所之니라.

이러므로 귀한 것과 천한 것을 차례로 배열한 것은 육효(六爻)의 놓인 자리에서 드러나고,

작고 큰 것을 가리는 것은 괘(卦)에 있으며, 길과 흉을 변별하는 것은 글귀(辭)에 있다.

지나간 일에 실수와 인색하였던 것을 근심하는 것은 당시에 처하여 있는 상황에 두어져 있고, 두려워해서 허물이 없는 것은 뉘우침에 두어져 있다.

이러므로 괘에는 크고 작은 것이 있으며, 글귀에는 어려운 것과 쉬운 것이 있으니 문사(辭)는 각각 그 나아갈 바를 가리킴이니라.

第二章

第一節

易이 與天地準이라 故로 能彌綸天地之道하나니

仰以觀於天文하고 俯以察於地理라 是故로 知幽明之故하며 原始反終이라 故로 知死生之說하며 精氣爲物이오 游魂爲變이라 是故로 知鬼神之情狀하나니라

易이 천지의 법리와 더불어 비기겠는지라, 그러므로 능히 천지의 도를 두루 다스리나니,

우러러서 하늘의 현상을 보고 구부려서 땅의 이치를 살피는지라, 이러므로 깊어서 보이지 않는 것과 명료하게 보이는 것의 연고를 알며,

처음을 본원으로 하여 끝에 제자리로 돌아가는지라. 그러므로 죽고 사는 원리를 아느니라.

신묘한 기운이 유형물이 되고 혼이 떠나면 죽음으로 변하는지라, 이러므로 귀신의 정상을 아느니라.

與天地相似라 故로 不違하나니, 知周乎萬物而道濟天下라 故로 不過하며, 旁行而不流하야 樂天知命이라 故로 不憂하며, 安土하여 敦乎仁이라 故로 能愛하나니라

천지와 더불어 서로 같은지라 그러므로 어기지 아니하나니, 아는

지혜는 만물에 두루 미치고 도는 천하를 구제하는지라 그러므로 잘못되지 아니하며, 두루 행해도 흘러넘치지 아니하며 하늘을 즐거워하고 명을 아는지라, 그러므로 근심하지 아니하며 있는 자리(土)에 편안히 해서 덕 있는 사람 노릇을 힘써 하는지라, 그러므로 능히 (만물을) 사랑하느니라.

範圍天地之化而不過하며 曲成萬物而不遺하며 通乎晝夜之道而知라 故로 神无方而易无體하니라

천지의 조화(造化)를 본떠서 지나치지 아니하며, 만물을 골고루 이루어서 빠뜨리지 아니하며, 밤낮의 도를 통하여 주도하는지라, 그러므로 신은 일정한 방소가 없고 易은 정해진 체상(體相)이 없느니라.

第二節

一陰一陽之謂道니 繼之者善也오 成之者性也라
仁者見之에 謂之仁하며 知者見之에 謂之知요
百姓은 日用而不知라 故로 君子之道鮮矣니라

한 차례 陰하고 한 차례 陽하는 것을 일러 道라고 하니,
이를 잇는 것이 善이요, 이를 이룬 것이 性이라.
인자한 이가 보고서 仁이라 하며, 지혜로운 이가 보고서 知(智)라 이르며, 백성은 날마다 쓰면서도 알지 못하는지라, 그러므로 군자의 도가 적느니라.

顯諸仁하며 藏諸用하야 鼓萬物而不與聖人同憂하나니
盛德大業이 至矣哉라
富有之謂大業이요 日新之謂盛德이요

무릇 仁에는 드러내고 무릇 用에는 감춰서 만물을 고동시키되 성
인과 더불어 같이 근심하지 않나니, 성한 덕과 큰 업이 지극한지라.
풍부하게 갖고 있는 것을 대업이라고 하고, 날로 새로워지는 것
을 성덕이라고 한다.

第三節

生生之謂 易이오
成象之謂 乾이오
效法之謂 坤이오

(끊임없이 저절로) 낳고 낳는 것을 易이라 하며,
象을 이룬 것을 일러 乾이라 하고,
法을 본받는 것을 일러 坤이라 하고,

極數知來之謂 占이오
通變之謂 事오
陰陽不測之謂 神이라

數를 끝까지 미루어서 未來를 아는 것을 일러 占이라 하고,

변하여 통해 나아가는 것을 일러 事(일)이라 하고,
陰陽의 헤아릴 수 없는 것을 일러 神이라 하니라.

第三章

第一節

夫易은 廣矣大矣라 以言乎遠則不禦하고 以言乎邇則靜而正하
고 以言乎天地之間則備矣라

저 易은 넓고 큰지라. (이런 연고로) 깊고 먼 것을 말하려 한즉
다 함이 없고, 가까운 것을 말하려 한즉 고요하면서 올바름을 지키
고, 이에 천지의 사이를 말하려 한즉 갖추지 않음이 없는지라.

夫乾은 其靜也 專하고 其動也 直이라 是以大이 生焉하며
夫坤은 其靜也 翕하고 其動也 闢이라 是以廣이 生焉하나니

저 乾은 그 고요함에는 전일하고, 그 움직임에는 곧은지라 이러
므로 큼이 저절로 생겨 나오며,
저 坤은 고요함에는 닫히고, 그 움직임에는 열리는지라 이러므로
넓음이 저절로 생겨나나니,

廣大는 配天地하고 變通은 配四時하고 陰陽之義는 配日月하고
易簡之善은 配至德하니라

넓고 큰 것은 천지와 짝하고, 변하고 통하는 것은 사시와 짝하고, 음양의 의의는 일월과 짝하고, 쉽고 간요한 善은 지극한 덕에 짝이 되느니라.

子曰 易이 其至矣乎인저 夫易은 聖人이 所以崇德而廣業也니 知는 崇코 禮는 卑하니 崇은 效天하고 卑는 法地하니라

공자 말씀하시기를 易이 지극하구나. 저 易은 성인이 그로써 덕을 높이고 일을 넓게 펴는 바이니, 知(智)는 높고 禮는 낮으니 높음은 하늘을 본받고 낮음은 땅을 본받음이니라.

天地 設位어든 而易이 行乎其中矣니 成性存存이 道義之門이라

천지가 자리를 펴거든 易이 그 가운데 행하나니, (易理로서) 이루어진 性을 보존하고 살핌이 도의의 문이라.

第二節

易有四象은 所以示也오 繫辭焉은 所以告也오 定之以吉凶은 所以斷也라

易에 四象이 있음은 易을 이용함에 象을 수시(垂示)하게 하기 위함이요, [이 象에다] 말(辭)을 매달아 놓은 것은 易을 이용하는 것을 알리기 위함이요, 吉凶을 정해 놓은 것은 그 卦와 爻에 판결을 내리기 위한 바라.

是故로 夫象은 聖人이 有以見天下之賾하야 而擬諸其形容하며
象其物宜라 是故 謂之象이오 聖人이 有以見天下之動하되 而觀
其會通하야 以行其典禮하며 繫辭焉하야 以斷其吉凶이라 是故로
謂之爻니

이러므로 저 象은 성인이 천하의 심오한 이치를 찾아보아 그 모
습[形容]을 비기며, 그 사물에 마땅한 것을 본떴느니라[像] 이러므
로 象이라 하고,
성인이 천하의 움직임의 뜻을 모아 널리 통할 수 있느냐를 살펴
보아서 그 법도에 맞는 禮를 행하며, 말을 부쳐 그 길흉을 판단케
한지라 이러므로 爻라 이르니,

言天下之至賾호대 而不可惡也며 言天下之至動호대 而不可亂
也니

천하의 지극히 심오한 이치를 말했으되 가히 염증을 내지 말아
야 하며, 천하의 지극한 변동을 말하되 가히 혼란스럽게 하지 말아
야 하니,

擬之而後에 言하고 議之而後에 動이니 擬議하야 以成其變化하
니라

비겨본 후에 말하고 따져본 뒤에 움직이나니, 본뜨고 따져보아서
인하여 그 변화를 완성하나니라.

第三節

極天下之賾者는 存乎卦하고 鼓天下之動者는 存乎辭하고

천하의 찾기 어려운 것을 찾는 근본은 괘(卦)에 두어져 있고, 천하의 움직임(動)을 더듬는 것은 사(卦爻辭)에 두어져 있고,

聖人이 有以見天下之賾하야 而擬諸其形容하며 象其物宜라 是故로 謂之象이오

성인이 천하의 찾기 어려운 것을 찾아보아 그 모습을 비기며 그 사물에 마땅한 것을 본뜨는지라 이러므로 象이라 이르고,

古者包犧氏之王天下也에 仰則觀象於天하고 俯則觀法於地하되 觀鳥獸之文이 與地之宜하며 近取諸身하고 遠取諸物하야 於是에 始作八卦하야 以通神明之德하며 以類萬物之情하니

옛날의 포희씨가 천하를 다스릴 때 우러러서는 하늘에 기상을 관찰하고 굽어보아서는 땅의 법식을 관찰하되, 조수의 모양새가 땅과 더불어 마땅한가를 관찰하며, 가까이는 몸에서 취하고 멀리는 모든 사물에서 취하여, 이에 비로소 팔괘를 그려서 신명의 덕과 통하며 만물의 정과 비겼으니,

作結繩而爲網罟하야 以佃以漁하니 蓋取諸離하고

노끈을 매서 그물을 만들어 육지의 동물을 사냥하고 물고기를 잡았으니, 대개 저 이괘(離卦)에서 취하였고,

**包犧氏沒커늘 神農氏作하야 斲木爲耟하고 揉木爲耒하야 耒耨
之利로 以敎天下하니 蓋取諸益하고**

포희씨가 죽거늘 신농씨가 나와서 나무를 깎아 보습을 만들고 휘어진 나무로 쟁기를 만들어서 쟁기의 이로움으로써 천하를 가르쳤으니 대개 저 익괘(益卦)에서 취하고

**日中爲市하야 致天下之民하며 聚天下之貨하야 交易而退하야
各得其所케하니 蓋取諸噬嗑하고**

날(日) 중에 장날을 만들어 천하의 백성을 이르게 하며 천하의 재물을 모아서 교역을 하고 물러가 각각 필요한 것을 얻게 하였으니 대개 저 서합(噬嗑)괘에서 취하고,

**神農氏沒커늘 黃帝堯舜氏作하야 通其變하야 使民不倦하며 神
而化之하야 使民宜之하니 易이 窮則變하고 變則通하고 通則久라
是以自天祐之하야 吉无不利니 黃帝堯舜이 垂衣裳而天下治하니
蓋取諸乾坤하고**

신농씨 죽거늘 황제, 요, 순씨가 나와서 사물이 변화하도록 통하게 해서 백성으로 하여금 게으르거나 고달프지 않게 하며, 신묘하

게 교화해서 백성을 부리되 알맞게 하니,

　易이 궁한즉 변하고 변한즉 통하고 통한즉 오래가는지라 이로써
하늘로부터 도와서 길하여 이롭지 않음이 없었으니, 黃帝 堯 舜이
저고리와 치마(衣裳)를 드리우는 것으로써 천하를 다스렸으니 대개
건곤(乾坤)괘에서 취하고,

　刳木爲舟하고　剡木爲楫하야　舟楫之利로　以濟不通하야　致遠以
利天下하니　蓋取諸渙하고

　속을 판 나무로 배를 만들고 날카로운 나무로 노를 만들어 배와
노의 이로움으로써 가지 못하던 데를 건너게 하여 먼 데에 이르러
천하를 이롭게 하였으니 대개 저 환(渙)괘로서 취하고,

　服牛乘馬하야　引重致遠하야　以利天下하니　蓋取諸隨하고

　소를 길들이고 말을 타서 (수레를 끌게 하여) 무거운 것을 끌고
먼 곳에 이르게 함으로써 천하를 이롭게 하였으니 대개 저 隨卦에
서 취하고,

　重門擊柝하야　以待暴客하니　蓋取諸豫하고

　문을 겹치고 딱따기를 치게 해서 도적을 대비케 하였으니 대개
저 예(豫)괘에서 취하고,

斷木爲杵하고 掘地爲臼하야 臼杵之利로 萬民이 以濟하니 蓋取
諸小過하고

나무를 끊어서 절굿공이를 만들고 땅을 파서 절구를 만들어 절
구와 공이의 이로움으로 만민의 소기의 목적을 이루게 하였으니
대개 저 소과(小過)괘에서 취하고,

弦木爲弧하고 剡木爲矢하야 弧矢之利로 以威天下하니 蓋取諸
睽하고

나무를 휘어 활을 만들고 나무를 깎아서 화살을 만들어 활과 화
살의 날카로움으로써 천하에 위엄을 보이니 대개 저 규(睽)괘에서
취하고,

上古엔 穴居而野處러니 後世聖人이 易之以宮室하야 上棟下宇
하야 以待風雨하니 蓋取諸大壯하고

상고에는 움집에서 거하고 들에 살더니 후세의 성인이 집으로서
바뀌게 하였으니 기둥을 위로 하고 그 아래에 거처하는 집을 만들
어서 바람과 비를 막게 하였으니 대개 저 대장(大壯)괘에서 취하고,

古之葬者는 厚衣之以薪하야 葬之中野히야 不封不樹하며 喪期
无數러니 後世聖人이 易之以棺槨하니 蓋取諸大過하고

옛날 장사는 섶나무로서 두텁게 싸서 들 가운데서 장사지내며 봉분을 하지 않고 나무를 심지 않으며 복상의 기간이 한정될 수 없더니 후세에 성인이 관곽으로써 바꾸었으니 대개 저 대과(大過)괘에서 취하고,

上古엔 結繩而治러니 後世聖人이 易之以書契하야 百官이 以治하며 萬民이 以察하니 蓋取諸夬니라

상고에는 노끈을 맺어서 다스리더니 후세에 성인이 글로써 바꾸어 백관이 이로써 다스리며 만민이 살필 수 있게 하였으니 대개 저 쾌(夬)괘에서 취하니라.

聖人이 有以見天下之動하야 而觀其會通하야 以行其典禮하며 繫辭焉하야 以斷其吉凶이라 是故謂之爻니

성인이 천하의 움직임을 봄에 있어서 그 모이고 통함을 관찰해서 그 전례를 행하며, 말을 붙여서 그 길흉을 판단하였는지라 이러므로 爻라고 하니라.

鳴鶴이 在陰이어늘 其子和之로다 我有好爵하야 吾與爾靡之라 하니 子曰 君子居其室하야 出其言에 善이면 則千里之外應之하나니 況其邇者乎여 居其室하야 出其言에 不善이면 則千里之外違之하나니 況其邇者乎여 言出乎身하야 加乎民하며 行發乎邇하야 見乎遠하나니 言行은 君子之樞機니 樞機之發이 榮辱之主也－라 言行은 君子之所以動天地也니 可不愼乎아

우는 학이 그늘에 있거늘 그 새끼가 화답하도다. 우리가 좋은 벼슬자리를 가지고 있어서 내가 너와 더불어 얽혔다 하니, 공자 말씀하시기를 군자가 집에 거해서 그 말을 냄에 착하면, 즉 천리 밖에서도 응하나니, 하물며 그 가까운 데서랴. 그 방에 거해서 말을 함에 착하지 아니하면, 즉 천리 밖에서도 어기나니, 하물며 그 가까운 데서랴. 말이 나에게서 나와 백성에게 주어지며, 행실이 가까운 데서 발하여 먼 데서 나타나니, 언행은 군자의 지도리니, 지도리가 움직임이 영욕의 주가 된다. 언행은 군자가 이로써 천지를 움직이는 바니 삼가지 않을 수 있으리오.

同人이　先號咷而後笑라　하니　子曰　君子之道　或出或處或語이나　二人이　同心하니　其利斷金이로다　同心之言이　其臭如蘭이로다

사람과 함께함이 먼저는 부르짖어 울고 뒤에는 웃는다 하니, 공자 말씀하시기를 군자의 도가 혹 나가고 혹 처하고 혹 침묵하고 혹 말하나, 두 사람이 마음을 같이하니 그 날카로움이 쇠를 끊도다. 두 사람이 한마음으로 하는 말은 그 향기가 난초와 같도다.

初六藉用白茅이니　无咎라　하니　子曰　苟錯諸地라도　而可矣어늘藉之用茅하니　何咎之有리요　愼之至也라　夫茅之爲物이　薄而用은可重也이니　愼斯術也하야　以往이면　其无所失矣리라

초육은 깔 자리를 흰 띠(茅)로써 쓰니 허물이 없다 하니, 공자 말

씀하시기를 그냥 땅에 놓더라도 되거늘 띠를 써서 까니 무슨 허물이 있으리오. 지극히 삼감이라. 흰 띠란 사물은 하찮은 것이나 쓰임에는 소중히 여기니 이 방법으로 삼가서 행하면 잘못되는 바가 없으리라.

勞謙이니 君子有終이니 吉이라 하니 子曰 勞而不伐하며 有功而不德이 厚之至也이니 語以其功下人者也이라 德言盛이요 禮言恭이니 謙也者는 致恭하야 以存其位者也이라

수고로운 일을 하고도 겸손한 태도를 가지니 군자가 마침이 있음이니(終을 둠이니) 길하다 하니, 공자 말씀하시기를 수고로워도 자랑하지 아니하며, 공이 있어도 덕으로 여기지 않는 것은 지극히 후덕한 것이니, 공이 있으면서도 남의 아래에 낮춤을 말함이라. 덕은 성대해야 하고 예는 공손해야 하나니 겸손하다 하는 것은 공손하게 해서 그 자리를 보존하는 것이다.

亢龍이니 有悔라 하니 子曰 貴而无位하며 高而无民하며 賢人이 在下位而无輔이라 是以動而有悔也니라

올라가기를 지나치게 한 용이니 후회가 있다 하니, 공자 말씀하시기를 귀하여도 자리가 없으며, 높아도 백성이 없으며, 어진 사람이 하위에 있어도 도움이 없는 격인지라 이럼으로써 움직이어서 후회가 있느니라.

不出戶庭이면 无咎라 하니 子曰 亂之所生也 則言語以爲階니 君不密則失臣하며 臣不密則失身하며 幾事不密則害成하나니 是以君子 愼密而不出也하나니라

문뜰을 나가지 아니하면 허물이 없다 하니, 공자 말씀하시기를 혼란이 일어나는 것은 곧 말이 사다리가 되는 것이니 임금이 모든 생각을 면밀히 하지 아니하면 신하를 잃으며, 신하가 주밀히 하지 않으면 자신을 잃으며, 일을 살피는 데 주밀히 하지 아니하면 해가 되나니, 이로써 군자가 삼가고 주밀해서 나가지 아니하니라.

子曰 作易者其知盜乎인져 易曰 負且乘이라 致寇至라 하니 負也者는 小人之事也오 乘也者는 君子之器也니 小人而乘君子之器라 盜思奪之矣며 上을 慢코 下를 暴라 盜思伐之矣니 慢藏이 誨盜며 冶容이 誨淫이니 易曰 負且乘致寇至라 하니 盜之招也라

공자 말씀하시기를 易을 지은이는 그 도적을 알음인져. 易에 말하기를 지고 또 타는지라 도적이 이르게 되나니, 지는 것은 소인의 일이요 타는 것은 군자의 도량이니, 소인이 군자의 기물을 탄지라 도적이 빼앗을 것을 생각하며, 위에 만홀(漫忽)히 하고 아래에 사납게 구는지라 도적이 칠 것을 생각하니, 태만히 간수하는 것이 도적을 가르치는 것이며, 얼굴을 단장하는 것이 음탕함을 가르치는 것이니 易에 말하기를, 지고 타는지라 도적이 이르게 된다 하니 도적을 부름이라.

第四章

第一節

天一　地二　天三　地四　天五
地六　天七　地八　天九　地十이니
天數五요　地數五니
五位相得하며　而各有合하니
天數　二十有五요　地數　三十이라
凡天地之數　五十有五니
此所以成變化하며　而行鬼神也라

天의 수 一, 地의 수 二, 天의 수 三, 地의 수 四, 天의 수 五, 地의
수 六, 天의 수 七, 地의 수 八, 天의 수 九, 地의 수 十이니,
　하늘의 수가 다섯이요 땅의 수가 다섯이다. 다섯 자리가 서로 어울
리며 각각 합함이 있으니 하늘의 수가 二十五요, 땅의 수가 三十이라.
　무릇 천지의 수가 五十이요 또 五니 이것이 써 변화를 이루며
귀신을 행하게 하는 바라.

參伍以變하며
錯綜其數하야
通其變하야　遂成天地之文하며
極其數하야　遂定天下之象하니
非天下之至變이면　其孰能與於此리오

참오로써 변화를 이루고,

그 수를 이리저리 뒤섞어 버무림으로써

그 변화를 통하여 드디어 천지의 현상을 이루며,

그 수를 다해서 드디어 천하의 형상을 정하나니,

천하의 지극한 변(變)이 아니면 그 누구라서 능히 이에 미치리
(及)오.

易은 无思也하며 无爲也하야

寂然不動이라가 感而遂通天下之故하나니

非天下之至神이면 其孰能與於此리오

易은 생각함도 없으며 하려고 함도 없어서

고요히 움직이지 아니하다가

어떤 일에 느껴서 드디어 천하의 연고를 통하나니,

천하의 지극히 신묘함이 아니면

그 누구라서 능히 이에 미치리(與及)오.

是以君子 將有爲也하며 將有行也에

問焉而以言하거든 其受命也 如嚮하야

无有遠近幽深히 遂知來物하나니

非天下之至精이면 其孰能與於此리오

이럼으로써 군자가 장차 할 일이 있거나 장차 갈 일이 있을 제
에 물으려(問卜) 하여 써 말을 하거든,

그 命을 받음이 메아리가 울리는 것 같아서, 멀고 가까움과 어둡고 깊숙함에 관계없이 드디어 오는 사물을 알게 되나니, 천하의 지극히 전일한 정신이 아니면 그 누구라서 능히 이에 미치리오.

是故로 蓍之德은 圓而神이요

卦之德은 方以知요

六爻之義는 易以貢이니

聖人이 以此로 洗心하야 退藏於密하며

吉凶에 與民同患하야 神以知來코 知以藏往하나니

其孰能與於此哉리오

古之聰明叡智神武而不殺者夫인져

이런 연고로 시초의 덕은 둥글면서 신령스럽고,

괘의 덕은 떳떳하면서도 슬기롭고,

육효의 의의는 변화를 통해서 알리나니,

성인이 이로써 마음을 씻어서 물러나 은밀한데 감추며,

길흉에 백성과 더불어 같이 근심하여

신명으로써 올 것을 알며 슬기로써 지나간 일을 갈무리하나니 그 누구라서 능히 이에 미치리오.

다만 옛날의 총명하고 예지가 있고 신명이 강하여 어수선하지 아니하였던 분인져!

子曰 知變化之道者 其知神之所爲乎인져

공자 말씀하시기를 변화의 도를 아는 이는 그 신명이 하는 바를
알 것이다!

第二節

夫易은 聖人之所以極深而研幾也니
唯深也故로 能通天下之志하며
唯幾也故로 能成天下之務하며
唯神也故로 不疾而速하며 不行而至하나니

저 易은 성인이 (생각해서 만들 적에) 깊은 이치를 연구하고 살
핀 바이니
오직 깊이 연구한 고로 (易에 의하여) 능히 천하의 뜻을 통할 수
있으며,
오직 (움직임의 기미를) 다 살핀 고로 (易에 의하여) 능히 천하의
일을 이룰 수 있으며,
오직 신령스러운 고로 달려가지 않아도 빠르며 가지 아니해도
(목적지에) 이르나니

是以明於天之道而察於民之故하야
是興神物하야 以前民用하니
聖人이 以此齋戒하야 以神明其德夫인져

이러므로 하늘의 도를 밝히고 백성의 사정을 살피도록 하기 위

하여 神物(蓍草)을 일으켜서 (형상물로 삼아서) 백성이 앞일을 알
려는 데 쓰게 하였으니, 성인이 이로써 재계하여 그 덕(행위)을 신
명스럽게 하였다.

是故로 天生神物이어늘 聖人이 則(用)之하며

天地變化이어늘 聖人이 效之하며

天垂象하야 見吉凶이어늘 聖人이 象之하며

河出圖하며 洛出書이어늘 聖人이 則(用)之하니

이런고로 하늘이 神物을 내시었거늘 성인이 이를 (神에 의지하
여 기구를 만들어) 본받아 썼으며, 천지가 變하고 化하거늘 성인이
본받았으며, 하늘이 때로 상징을 드리워서 吉兆와 凶兆를 나타내
보이거늘 성인이 이를 본뜨며, 河水에서 河圖가 나오고 洛水에서
洛書가 나오거늘 성인이 이를 본받아 쓰니라.

易有聖人之道 四焉하니

以言者는 尙其辭하고

以動者는 尙其變하고

以制器者는 尙其象하고

以卜筮者는 尙其占하나니

子曰 易有聖人之道四焉者 此之謂也라

易에 성인의 도가 넷 있으니,
말을 하려는 자는 그 (언어의) 修辭를 숭상하고,

행동하려 하는 자는 그 (動하되 어떻게) 변하여야 하느냐 함을
숭상하고,

기물을 지으려 하는 자는 그 모형을 숭상하고,

복서를 하는 자는 그 占을 숭상하나니라.

공자 말씀하시기를,

易에 성인의 도가 넷이 있다고 한 것이 이것을 이름이라 하시었다.

第三節

子曰 夫易은 何爲者也오
夫易은 開物成務하나니 冒天下之道_如斯而已者也라
是故로 聖人이 以通天下之志하며 以定天下之業하며
以斷天下之疑하나니라

공자 말씀하시기를, 대저 易은 무엇을 하는 것인가?

저 易은 사물을 열고(開始), 그 사물의 직무를 이루나니 천하의
도를 빌림(假借)이 이와 같다 할 따름(뿐)인지라.

이런 까닭으로 성인이 易으로써 천하의 사람이 품은 뜻을 통하
며 써 천하의 사업을 정하며 써 천하의 의심을 판별하느니라.

是故로 闔戶를 謂之坤이오
闢戶를 謂之乾이오
一闔一闢을 謂之變이오
往來不窮을 謂之通이오

見을 乃謂之象이오

形을 乃謂之器오

制而用之를 謂之法이오

利用出入하야 民咸用之를 謂之神이라.

이런 까닭으로 문을 닫는 것을 坤이라 이르고,

문을 여는 것을 乾이라 이른다.

한 번 닫고 한 번 여는 것을 變이라 이르고, 가고 오는 데 궁하

지 아니한 것을 通이라 하고,

나타난 것을 象이라 이르고, 형체를 器라 이르고,

지어서 쓰는 것을 法이라 이르고,

나고 들 적에 씀(用)을 편리하게 하야 백성이 다 쓰는 것을 神이

라 이른다.

是故로 形而上者를 謂之道오

形而下者를 謂之器오

化而裁之를 謂之變이오

推而行之를 謂之通이오

擧而措之天下之民을 謂之事業이라

이러므로 형체 너머에 있는 것을 道라 이르고,

형체 아래에 있는 것을 器라 이르고,

화하여 조절하는 것을 變이라 이르고,

미루어 행하게 하는 것을 通이라 이르고,

일(事)을 일으켜 천하의 백성에 베푸는 것을 事業이라 이른다.

化而裁之는 存乎變하고

推而行之는 存乎通하고

神而明之는 存乎其人하고

默而成之하며 不言而信은 存乎德行하니라

화하여 조절하는 것은 변하는 데 달려 있고,

미루어서 행하게 하는 것은 통하는 데 달려 있고,

신(재능)으로써 밝히는 것은 그 사람에 달려 있고,

조용히 이루고 말없이도 미더운 것은 덕행에 달려 있느니라.

是故로 法象이 莫大乎天地하고

變通이 莫大乎四時하고

縣象著明이 莫大乎日月하고

崇高 莫大乎富貴하고

備物하며 致用하며 立(象)成器하야

以爲天下利 莫大乎聖人하고

探賾索隱하며 鉤深致遠하야

以定天下之吉凶하며

成天下之亹亹者 莫大乎蓍龜하니라

이러므로 본뜬 象이 천지보다 더 큰 것이 없고,

변하여 통하는 것이 四時보다 더 큰 것이 없고,

형상을 드러내 밝음을 나타내는 것이 일월보다 더 큰 것이 없고,

숭고하기가 부귀보다 더 큰 것이 없고,

물건을 갖추어서 쓰도록 하며 象을 세워 기물을 만들어 천하를 이롭게 함이 성인보다 더 큰 것이 없고,

깊은 이치를 탐구하고 (혹은 난잡한 것을 더듬고) 은미한 것을 찾으며 깊이 있는 것을 낚고 원대한 데까지 이르러서 써 천하의 길흉을 정하며 천하에 그윽하면서 아름다움을 이루는 것은 시구(蓍龜)보다 더 큰 것이 없느니라.

第五章

第一節

大衍之數五十이니 其用은 四十有九이라

分而爲二하야 以象兩하고

掛一하야 以象三하고

揲之以四하야 以象四時하고

歸奇於扐하야 以象閏하나니

五歲에 再閏이라 故로 再扐而後에 掛하나니라

대연의 수가 오십이니 그 쓰는 것은 四十이요 또 九인지라

둘로 나누어 양의에 본뜨고(모양으로 하고),

하나를 손가락 사이에 걸어서 셋(삼재)을 본뜨고,

넷씩 세어서 사시의 모양으로 하고,

나머지를 손가락 사이에 끼워서 윤달의 모양으로 하나니,

오 년에 윤달이 두 번 드는지라 그러므로 다시 끼운 후에 거느니라.

乾之策이 二百一十有六이오 坤之策이 百四十有四라

凡三百有六十이니 當期之日하고

二篇之策이 萬有一千五百二十이니 當萬物之數也라

是故로 四營而成易하고 十有八變而成卦하니

八卦而小成하야 引而伸之하며 觸類而長之하면

天下之能事畢矣라

건의 책 수가 二百十六이오 곤의 책 수가 百四十四이라

무릇 三百六十이니 1년의 날수에 해당하고,

두 편의 책(策) 수가 一萬 一千五百二十이니 만물의 수에 해당한지라

이런 까닭에 네 번씩 운영해서 易을 이루고 열여덟 번 변해서 卦를 이루니

팔괘는 소성(小成)괘이니 이를 이끌어 펴서, 유(類)를 더듬어 펴나가면 천하의 맡은 바 일(任務)을 다 마치리라.

第二節

顯道하고 神德行이라

是故로 可與酬酢이며 可與祐神矣니라

도에 밝고 덕행을 신묘하게 하는지라
이러므로 가히 (신과) 더불어 응대할 수 있으며 신을 도울 수 있느니라.

易曰 自天祐之라 吉无不利라 하니
子曰 祐者는 助也니 天之所助者順也오
人之所助者信也니 履信思乎順하고 又以尙賢也라
是以로 自天祐之吉无不利也니라

易에 말하기를, 하늘로부터 돕는지라 길하여 이롭지 않음이 없다 하니,
공자 말씀하시기를, 우(祐)는 돕는 것이니 하늘은 순리를 따르는 자를 돕고, 사람은 미더운 이를 도우니, 미더움을 실천하며 순리를 생각하고 또 더 어질게 할 것을 숭상하는지라,
이러므로 하늘로부터 도와서 길하여 이롭지 않음이 없느니라.

第三節

子曰 書不盡言하며 言不盡意니
然則聖人之意를 其不可見乎아
子曰 聖人이 立象하야 以盡意하며
設卦하야 以盡情僞하며

繫辭焉하야 以盡其言하며
變而通之하야 以盡利하며
鼓之舞之하야 以盡神하니라

공자 말씀하시기를 글로서는 말을 다하지 못하며 말로서는 뜻을
다 표현하지 못하니 그런즉 성인의 뜻은 가히 볼 수 없는 것인가?
공자 말씀하시기를 성인이 象을 세워서 뜻을 다하며,
卦를 펴서 참모습과 거짓을 다하며
말씀(辭)을 매어서 그 말(言)을 다하며
변하고 통하게 하여서 이로움을 다하게 하며
고무시켜서 신명(신묘한 작용)을 다하도록 하니라.

繫辭下傳

第一章

第一節

乾坤은 其易之縕耶인져

乾坤이 成列而易이立乎其中矣니

乾坤이 毀則无以見易이요

易을 不可見則 乾坤이 或幾乎息矣리라

乾과 坤은 그 易의 본원을 깊이 쌓아둔 것(縕)이다.

건곤이 배열됨에 역이 그 가운데에 서니,

건곤이 허물어지면 역을 볼 수 없고 역을 보지 못하면

건곤의 작용도 거의 그치게 되리라.

八卦成列하니 象在其中矣요

因而重之하니 爻在其中矣요

팔괘가 열을 이루니 象이 그 가운데에 있고,

이를 바탕으로 거듭하니 爻가 그 가운데 있다.

第二節

剛柔相推하니 變在其中矣요
繫辭焉而命之하니 動在其中矣요
吉凶悔吝者는 生乎動者也라

굳셈(剛)과 부드러움(柔)이 서로 바뀌면(옮기면) 변(變)이 그 가운
데 있다.
말씀(글)을 달아서 (역의 의의를) 일러 보이니 움직임이 그 가운
데 있다.
길함과 흉함과 후회와 궁색함은 동하는 데서 생긴다.

第三節

剛柔者는 立本者也오 變通者는 趣時者也라

굳셈과 부드러움(剛柔)이란 근본을 세우는 것이요,
변하여 통하는 것(變通)은 적절히 때를 맞추는 것이다.

吉凶者는 貞勝者也니
天地之道는 貞觀者也오 日月之道는 貞明者也오
天下之動은 貞夫一者也라

길흉이라 한 것은 행위(行)에 해당(當)한 것이다.
천지의 도는 살펴보는 데 해당(當)한 것이요,

해와 달의 도는 밝히는 데 해당(當)한 것이요

천하의 움직임은 그(변동) 하나하나가 한결같은 데(정성스럽게 하
는 데) 해당(當)한 것이다.

天地之大德曰生이요 聖人之大寶曰位니

何以守位오 曰仁이요 何以聚人코 曰財니

理財하며 正辭하며 禁民爲非曰義라

천지의 큰 덕은 일러 가로되 낳아서 살게 함(生)이요

성인의 큰 보배는 일러 가로되 지위(位)이니,

어떤 생각으로써 자리를 지킬 것인고. 일러 가로되 사랑(仁)이요

무엇으로써 사람을 모을 것인고. 일러 가로되 재물이니 재물을
다스리며, 말을 바르게 하며, 백성의 잘못함을 금하는 것은 일러
가로되 의(義)이니라(옳은 도리이니라).

第二章

第一節

夫乾은 確然하니 示人易矣오

夫坤은 隤然하니 示人簡矣니

저 乾은 강건하니 사람에게 쉬움으로 보여주고,

저 坤은 유순하니 사람에게 간략함(또는 정성)으로
보여준다.

爻也者는 效此者也오 象也者는 像此者也라
是故로 易者는 象也니 象也者는 像也니라

爻란 것은 이것(易簡)을 본받는 것이고, 상이란 것은
이것(剛柔)을 형상화한 것이다.
그러므로 역은 상(象)이며, 상이란 형상(像)이다.

第二節

彖者는 材也오 爻也者는 效天下之動者也니
是故로 吉凶이 生而悔吝이 著也니라

彖은 재덕(才德)을 말함이요,
爻라는 것은 천하의 움직임을 본받는 것이니,
이러므로 길흉이 따라 생기고 후회와 근심이 드러난다.

第三節

爻象은 動乎內하고 吉凶은 見乎外하고
功業은 見乎變하고 聖人之情은 見乎辭하니라

爻와 象은 易理(卦) 안에서 나오고,

길흉은 밖에서 나타나고,

공업은 변(變)에서 나타나고,

성인의 정은 말씀에 나타내 보이느니라.

易曰 憧憧往來면 朋從爾思라 하니

子曰 天下何思何慮리오 天下同歸而殊塗하며

一致而百慮니 天下何思何慮리오

易에 말하기를,

뜻을 정하지 못하고 가고 오면

너의 벗만 네 생각을 따른다 하니,

공자 말씀하시기를,

천하가 무엇을 생각하고 무엇을 염려하리오?

천하가 돌아가는 곳은 같아도 길은 다르며

이르는 것은 하나이지만 생각은 백 가지이니

천하가 무엇을 생각하고 무엇을 염려하리오?

日往則月來하고 月往則日來하야 日月이 相推而明生焉하며 寒

往則暑來하고 暑往則寒來하야 寒暑相推而歲成焉하니 往者는 屈

也오 來者는 信也니 屈信相感而利生焉하나니라

해가 가면 달이 오고 달이 가면 해가 오니

해와 달이 서로 밀어서 밝아지며,

추위가 가면 더위가 오고 더위가 가면 추위가 와서

추위 더위가 서로 바뀌어 한 해를 이루니,

가는 것은 굽힘이요 오는 것은 폄이니

굽히고 폄이 서로 교감해서 이로움이 생긴다.

尺蠖之屈은 以求信也오 龍蛇之蟄은 以存身也오

精義入神은 以致用也오 利用安身은 以崇德也니

過此以往은 未之或知也이어니와 窮神知化는

德之盛也라

자벌레가 굽히는 것은 펴기 위한 것이요,

용이 될 뱀이 (그 자체를) 움츠러뜨림은 몸을 보존하려 함이요,

이치를 정미롭게 하여 신묘함(心神)을 받아들임은 쓰임에 당하고

자 함이요,

쓰임새를 이롭게 하야 몸을 편안히 함은 덕을 숭상함으로 써니,

이에 밝힌 의의를 넘어 써 往함(행동에 옮김)은 혹 알 수 없거니

와 신을 궁구하여 변화하는 것을 아는 것은 덕의 성함이라.

易曰 困于石하며 據于蒺藜라 入于其宮이라도 不見其妻니 凶이

라 하니 子曰 非所困而困焉하니 名必辱하고 非所據而據焉이라

身必危하리니 旣辱且危하야 死期將至어니 妻其可得見耶아

易에 말하기를, 돌에 걸려 곤궁하며 가시덤불에 의지한지라, 그

집에 들어가더라도 그 아내를 보지 못하니 흉하다 하니,

공자 말씀하시기를, 곤궁할 바가 아닌데 곤궁하니 이름이 반드시

더럽혀지고 의거할 바가 아닌데 의거하니 몸이 위태로워지리니,

이미 더럽혀지고 위태해서 죽을 시기가 장차 이르게 되리니, 아내를 그 가히 얻어 볼 수 있으랴.

易曰 公用射隼于高墉之上하야 獲之니 无不利라 하니

子曰 隼者는 禽也오 弓矢者는 器也오 射之者는 人也니 君子藏器於身하야 待時而動이면 何不利之有리오 動而不括이라 是以出而有獲하나니 語成器而動者也라

易에 말하기를,

公이 높은 담 위에 새매를 쏴서 잡으니 이롭지 않음이 없다 하니,

공자 말씀하시기를, 준(隼)은 새요 활과 화살은 도구요 쏘는 것은 사람이니,

군자가 도구를 몸에 감추어서 때를 기다려 움직이면

어찌 이롭지 않음이 있으리오.

움직임에 막히지 않음이라 이럼으로써 나가서 잡을 수 있나니 이는 도구와 시세의 여건을 만든 뒤에 움직임을 말함이라.

子曰 小人은 不耻不仁하며 不畏不義라

不見利면 不勸하며 不威면 不懲하나니

小懲而大誡 此小人之福也라

易曰 屨校하야 滅趾니 无咎라 하니 此之謂也라

공자 말씀하시기를,

소인은 어질지 못함을 부끄러워하지 아니하며,

의롭지 못함을 두려워하지 않는지라. 이롭지 않으면 힘쓰지 않고 위엄스럽지 않으면 무서워하지 않나니,

조금 징계해서 크게 경계시킴이 소인의 복이 되는지라.

易에 말하기를,

형틀을 신겨서 발꿈치를 묶어두니 허물이 없다 하니,

이를 이름이라.

善不積이면 不足以成名이오 惡不積이면 不足以滅身이니 小人이 以小善으로 爲无益而弗爲也하며

以小惡으로 爲无傷而弗去也라

故로 惡積而不可掩이며 罪大而不可解니

易曰 何校하야 滅耳니 凶이라 하니라

선을 쌓지 않으면 아름다운 이름을 이루지 못하고

악을 쌓지 않으면 몸을 해치지 않을 것이니,

소인이 조금 착한 것은 별로 이익이 될 것이 없다 하여 하지 아니하며 조금 악한 것은 상함이 없다 하여 버리지 않는지라. 그러므로 악이 쌓여서 가리지 못하며 죄가 커져서 가히 풀지 못하게 되나니,

易에 말하기를,

형틀을 매서 귀를 가린다 하니 흉하다 하니라.

子曰 危者는 安其位者也오 亡者는 保其存者也오

亂者는 有其治者也니

是故로 君子安而不忘危하며 存而不忘亡하며 治而不忘亂이라
是以身安而國家를 可保也니

易曰其亡其亡이라야 繫于苞桑이라 하니라

공자 말씀하시기를,

위태롭게 여기는 것은 그 자리를 편안하게 하려는 것이요,

망할까 염려하는 것은 있는 것을 보존하려는 것이요,

어지러울까 여기는 것은 그 다스림을 보하려는 것이다.

이런 까닭에 군자는 편안해도 위태함을 잊지 않으며

안존하여도 망함을 잊지 아니하며 다스려져도 어지러움을 잊지
아니하니라.

이로써 몸이 편안하고 나라를 보존할 수 있으니,

易에 말하기를,

그 망할까 망할까 하여야 더부룩한 뽕나무에 얽맨다 하니라.

子曰 德薄而位尊하며 知小而謀大하며 力小而任重하면 鮮不及
矣나니

易曰 鼎이 折足하야 覆公餗하니 其形이 渥이라 凶이라 하니 言
不勝其任也라

공자 말씀하시기를,

덕이 박한데 자리는 높으며,

아는 것은 적은데 큰일을 도모하며

힘은 적은데 책임이 무거우면

잘하는 데 미치지 못하리니,

易에 말하기를,

솥이 발이 부러져 공의 곰국을 뒤집어엎으니 그 모양(형)이 어색
한지라 흉하다 하니, 그 책임을 이기지 못함을 일러 말함이라.

子曰 知幾其神乎인져 君子上交不諂하며 下交不瀆하나니

其知幾乎인져 幾者는 動之微니 吉之先見者也라

君子見幾而作하야 不俟終日이니

易曰 介于石이라 不終日이니 貞코 吉타하니

介如石焉커니 寧用終日이리오 斷可識矣로다

君子知微知彰知柔知剛하나니 萬夫之望이라

공자 말씀하시기를,

기미를 아는 것이 그 신기한져.

군자가 윗사람과 사귀되 아첨하지 않으며 아랫사람을 사귀되 함
부로 하지 아니하나니,

그 기미를 알음인져! 기미는 움직임이 은미한 것이니, 길한 것이
먼저 나타나 보이는 것이라.

군자가 기미를 보고 일어남으로써 종일토록 기다리지 않나니,

易에 말하기를,

식견이 저울 같은지라 하루 날을 마치지 아니하니

바르고 길하다 하니, 알아보는 식견이 저울 같은 거니 어찌 날이 마치도록 마음을 쓰리요. 가히 알아서 결단하도다.

군자가 은미할 줄도 알고 드러낼 줄도 알고 부드러울 줄도 알고 강한 줄도 아나니 수많은 사람의 바람이라.

子曰 顔氏之子其殆庶幾乎인저

有不善이면 未嘗不知하며 知之면 未嘗復行也하나니

易曰 不遠復이라 无祗悔니 元吉이라 하니라

공자 말씀하시기를,

안 씨의 아들이 거의 이에 가까울진져.

착하지 않음이 있으면 일찍이 알지 못함이 없으며,

알면 다시 행하지 아니하나니,

易에 말하기를,

머지않아 회복하는지라, 이에 후회함이 없으니 크게 길하다 하니라.

天地 絪縕에 萬物이 化醇하고

男女 構精에 萬物이 化生하나니

易曰 三人行엔 則損一人코

一人行엔 則得其友라 하니 言致一也라

천지가 기운을 뭉침에 만물이 화하여 성숙해지고

남녀가 정기를 합침에 만물이 화하여 생하나니,

易에 말하기를,

세 사람이 가는 데는 곧 한 사람을 덜고
한 사람이 가면 곧 그 벗을 얻는다 하니
순전한 데(같은 데) 이름을 말함이라.

子曰 君子 安其身而後에아 動하며 易其心而後에아 語하며 定
其交而後에아 求하나니
君子 修此三者故로 全也하나니 危而動하면 則民不與也코 懼以
語하면 則民不應也코 无交而求하면 則民不與也하나니 莫之與하
면 則傷之者至矣하나니
易曰 莫益之라 或擊之리니 立心勿恒이니 凶이라 하니라

공자 말씀하시기를,
군자가 자신의 몸을 편안히 한 뒤에야 움직이며
자신의 마음을 평안히 다스린 뒤에야 말하며
그 사귐을 정한 뒤에야 구하나니,
군자가 이 세 가지를 닦으므로 온전하게 되나니
위태로운 상황에서 움직이면 곧 백성이 일어나지 아니하고, 두려
워하면서 말하면 백성이 응하지 아니하고, 사귐이 없이 구하면 백성
이 함께하지 아니하고, 함께하지 아니하면 곧 해치는 자가 이르나니
易에 말하기를,
이익할 리 없는지라 혹 치리니 마음을 가지되 항상 급한 모양으
로 하니 흉하다 하니라.

第三章

第一節

子曰 乾坤은 其易之門耶인저

乾은 陽物也오 坤은 陰物也니

陰陽이 合德하야 而剛柔有體라

以體天地之撰하며 以通神明之德하니라

공자 말씀하시기를,

건(乾)곤(坤)은 역(易)의 문인져.

건은 양을 대표하는 것(陽物)이요,

곤은 음을 대표하는 것(陰物)이니,

음과 양이 그 기질(德)을 합해서 굳셈과 부드러움이

형체를 갖게 되는지라.

이로써 하늘과 땅의 일을 본받으며

이로써 신명의 덕을 통한다.

陽卦는 多陰하고 陰卦는 多陽하니

其故는 何也오 陽卦는 奇오 陰卦는 耦일새라

其德行은 何也오 陽은 一君而二民이니 君子之道也오 陰은 二
君而一民이니 小人之道也라

其稱名也 雜而不越하나 於稽其類앤 其衰世之意耶인저

양괘는 음이 많고 음괘는 양이 많으니 그 연고는 어찌 됨인가.
양괘는 홀수이고 음괘는 짝수이기 때문이라.

그 덕행은 어떠한가.

양괘는 임금이 하나이고 백성이 둘로써 되었으니 군자의 도이요,
음괘는 두 임금에 하나의 백성으로써 되었으니 소인의 도이다.

그 일컬어지는 이름들이 잡다해도 그(괘 효의 의의)를 벗어나지 않고, 그 내용(종류)을 살펴보면 그 쇠퇴하는 시대를 비겨서 쓴 글이다.

第二節

夫易은 彰往而察來하며 而微顯闡幽하나니 開而當名이어든 辨物과 正言과 斷辭가 則備矣니라

대저 易은 지나간 것을 밝히고 오는 것을 살피며
은미한 일을 드러내고 그윽한 이치를 열며,
(괘·효를) 풀어서 이름에 맞게 하거든, 사물을 분별함과 말을 바로 함과 괘효사로 판단하는 것이 곧 갖춰지리라.

其稱名也 小하나 其取類也 大하며 其旨 遠하나
其辭 文하며 其言이 曲而中하며 其事 肆而隱하니 因貳하야 以濟民行하야 以明失得之報니라

그 부르는 이름은 작으나 견주어 취하는 것은 크며,
그 뜻이 심원하나 그 글이 아름다우며(현상적이며),

그 말이 굽은 듯하지만 (사리에) 맞고,

그 일은 펴놓았으되 (함의는) 숨겨져 있으니

두 가지로 말미암아 백성의 행을 건네며

득실에 따른 결과를 밝히느니라.

第三節

易之興也 其於中古乎인저 作易者 其有憂患乎인저

是故로 履는 德之基也오 謙은 德之柄也오

復은 德之本也오 恒은 德之固也오 損은 德之修也오 益은 德之

裕也오 困은 德之辨也오 井은 德之地也오 巽은 德之制也라

易이 일어난 것은 중고의 시대인져.

역을 지은 것은 우환에 있음인져.

이런고로, 이(履)는 덕의 기초이고, 겸(謙)은 덕의 지모(持貌)요.

복(復)은 덕의 근본이고, 항(恒)은 덕의 고수(固守)요.

손(損)은 덕의 닦음이고, 익(益)은 덕의 넉넉함이다.

곤(困)은 덕을 변별함이고, 정(井)은 덕의 바탕이며,

손(巽)은 덕의 제도이다.

履는 和而至하고 謙은 尊而光하고 復은 小而辨於物하고

恒은 雜而不厭하고 損은 先難而後易하고 益은 長裕而不設하고

困은 窮而通하고 井은 居其所而遷하고 巽은 稱而隱하니라

이(履)는 화순하면서도 지극한 데 이르러야 하고,

겸(謙)은 어른으로서 빛나게 되고,

복(復)은 작되 사물과에 변별하고,

항(恒)은 착잡하여도 염증내지 아니하는 것이고,

손(損)은 먼저는 어렵되 나중은 쉽고,

익(益)은 오래도록 여유가 있으되 무언가 꾸미지 않고,

곤(困)은 궁한 데 가서 통하고,

정(井)은 제자리에 있되 옮겨지고,

손(巽)은 사람으로서 명성이 들려오되 그 몸을 은거에 처하는 것이다.

**履以和行코　謙以制禮코　復以自知코　恒以一德코　損以遠害코
益以興利코　困以寡怨코　井以辨義코　巽以行權하나니라**

이(履)로써 행을 화순이 하고, 겸(謙)으로써 예를 마름질한다.

복(復)으로써 자신을 깨닫고, 항(恒)으로써 덕을 한결같이 한다.

손(損)으로써 해로움을 멀리하고, 익(益)으로써 이로움을 일으킨
다. 곤(困)으로써 원망을 줄이고, 정(井)으로써 의(義)를 변별하고,
손(巽)으로써 권도(權道)를 행한다.

第四章

第一節

夫乾은　天下之至健也니　德行이　恒易以知險하고

夫坤은 天下之至順也니 德行이 恒簡以知阻하나니라

건(乾)은 천하의 가장 강건한 것이니

그 덕행은 항상 쉬이 함(易)으로써 험할 것을 알고,

곤(坤)은 천하의 가장 유순한 것이니

그 덕행은 항상 간요(簡要)히 정성껏 함으로써

막힐 것을 아느니라.

第二節

{曰夫易은 變化無常矣라 唯賢人이어야 以身體之하야 而能行其
道하나니 是以로 文王이}

能說諸心하며 能研諸候之慮하야

定天下之吉凶하며 成天下之亹亹者니

是故로 變化云爲에 吉事有祥이라

象事하야 知器하며 占事하야 知來하나니

天地設位에 聖人이 成能하니 人謀鬼謀에 百姓이

與能하나니라

{가로되 저 易은 변화무상하야 오직 현인만이 스스로 그것을 체
득하야 그 道를 능히 행할 수 있으니, 이러므로 문왕이}

능히 모든 이의 마음을 기쁘게 하며

능히 모든 제후들의 염려를 연구하야

천하의 길흉을 정하며

천하를 아름답게 만들어 간다.

이러므로 변화로써 이루어짐을 이름(云謂)에

吉한 일에는 상서로움이 있는지라

일(事)을 잘 보아서(象하야) 그 일의 의의(器)를

알며, 일의 조짐을 보아서 미래를 아는 것이라.

하늘과 땅이 자리를 벌리며

성인으로서는 능함을 이루니

사람들의 도모와 귀신의 도모에 백성으로서도

그 능함에 참여하느니라.

第三節

易之興也 其當殷之末世 周之盛德耶인저

當文王與紂之事耶인저

是故로 其辭危하야 危者를 使平하고

易者를 使傾하니

其道甚大하야 百物을 不廢하니

懼以終始면 其要无咎리니

此之謂易之道也라

易이 흥한 것은 은나라 말기에

주나라의 덕이 성하던 때에 해당한져.

문왕과 주(紂)왕 당시의 일이라.

그러므로 그 말이 위험하다 한 것이다.

위험을 느낀 사람들은 세상을 평화롭게 만들었고

안이했던 사람들은 세상을 기울게 만들었다.

그 도가 심히 크므로 하야 온갖 일을 폐기하지 않은

것이다. 조심조심해서 끝낼 것을 끝내고 새롭게 시작할 것을 시

작하면 그 욕구(欲求)에 허물이 없으리니

이것을 일러 易의 도라고 하나니라.

第五章

第一節

易之爲書也　廣大悉備하야

有天道焉하며　有人道焉하며　有地道焉하니　兼三才而兩之라　故
로　六이니　六者는　非他也라　三才之道也니

易의 글됨이 광대하여 (우주의) 모든 문제들을 그 속에

전부 내포하고 있는 것이다.

하늘의 道가 있으며, 사람의 道가 있으며,

땅의 道가 있으니 이 삼재를 겸하야 두 번을 겹한지라,

그리해서 여섯인데 여섯이란 다른 것이 아니라

삼재의 道이다.

道有變動이라　故曰　爻오　爻有等이라　故曰　物이오

物相雜이라 故曰 文이오

文不當이라 故로 吉凶이 生焉하니라

도에는 변동이 있다. 그래서 말하기를 爻라 한다.

爻에는 등계(等階)가 있다. 그래서 말하기를 物이라 한다.

物은 서로 섞여 복잡해진다. 그래서 말하기를

무늬(文)라 한다. 문(文)에는 마땅한 것도 있고 마땅하지 않은 것

도 있기 때문에 길흉이 생겨난다.

第二節

易之爲書也 原始要終하야 以爲質也코

六爻相雜은 唯其時物也라

其初는 難知오 其上은 易知니 本末也라

初辭擬之하고 卒成之終하니라

若夫雜物과 撰德과 辨是與非는 則非其中爻면 不備하리라.

易은 어떤 책인가(글인가).

사단(事端)을 본원(本原)으로 하야 그 종말을 살피는

것으로써 그 본질을 삼고,

六爻가 서로 섞여지는 것은 오직 그때와 사물의 관계

때문이다.

그 처음은 알기 어렵지만 끝까지 올라가면 알기가 쉬우니 이것

이 本과 末이다.

처음의 말(初爻)은 적용하는 것으로 하고
마침내(上爻)는 끝을 맺는 것으로 하나니라.
만약 저 잡다한 사물 속에서 덕을 가리는 것과 시비를
분별하는 것은, 즉 그 중간의 爻가 아니면 갖추어지지
않는다.

二與四 同功而異位하야 其善이 不同하니 二多譽코 四多懼는

近也일새니 柔之爲道 不利遠者컨 마는 其要无咎는 其用柔中也

일새라

二효와 四효는 공은 같아도 자리가 다르므로 그 좋음(선함)이 같
지 아니하니 二효에는 영예로움이 많고, 四효에는 두려움이 많은
것은 왕과의 자리가 가깝기 때문이니, 부드러움의 道됨이(剛 또는
五효로부터) 멀리한 것이 이롭지 않지마는 허물이 없을 수 있는 것
은 유(柔)이면서 중(中)을 쓰기 때문이다.

三與五 同功而異位하야 三多凶코 五多功은 貴賤之等也일새니
其柔는 危코 其剛은 勝耶인저
噫라 亦要存亡吉凶인댄 則居可知矣어니와 知者觀其彖辭하면
則思過半矣리라

三효와 五효는 공(功)이 같지만 자리가 다르다.
三효에는 흉함이 많고 五효에는 공이 많은데
그것은 귀천의 차등 때문이다.

거기에 너무 유하게만 하는 것은 위태하고

강함을 가지면 이겨낸다.

아! 또한 (나라의) 존망과 길흉을 가만히 살펴보건대

거(居)한 상태에서 가히 알려니와 지혜로운 자가 그 단사(彖辭)를

살펴보게 되면 그 생각함이 절반은 넘을 수 있을 것이다.

第三節

易之爲書也 不可遠이오 爲道也 屢遷이라

變動不居하야 周流六虛하야 上下无常하며 剛柔相易하야 不可

爲典要오 唯變所適이니라

역이란 어떤 책(글)인가. 멀리함이 옳지 않고,

道의 됨이 자주 옮기는지라 변동하여 머물러 있지

않음으로써 여섯 자리(六虛 또는 천지사방)에 두루

이행(移行)하야 오르고 내림이 무상하며,

剛과 柔가 서로 바뀌므로 하야 가히 고정된 법규로

삼을 수 없고,

오직 변하는 데에 따라가는 것이다.

變動은 以利言하고 吉凶은 以情遷이라

是故로 愛惡相攻而吉凶이 生하며

遠近이 相取而悔吝이 生하며

情僞 相感而利害生하나니

凡易之情이 近而不相得하면 則凶或害之하며 悔且吝하나리라

변동은 이로울 것을 생각해서 말하고
길흉은 마음속에 품은 대로 옮겨지는지라
이러므로 사랑하고 미워함이 서로 다퉈서 길과 흉이
생기며,
멀리서와 가까이서 서로 취함으로써 후회와 인색함이
생기며, 실상과 거짓이 서로 교감하여 이로움과 해로움이
생겨나니,
무릇 易의 정황이 가까이하고서도 서로 얻지 못한즉
흉하거나 혹 해로운 데 이를 것이며, 후회되거나 또한
인색한 꼴만 당하느니라.

**將叛者는 其辭慙하고 中心疑者는 其辭枝하고
吉人之辭는 寡하고 躁人之辭는 多하고
誣善之人은 其辭游하고 失其守者는 其辭屈하니라**

장차 배반하려는 사람은 그 말에 부끄러움이 있고,
중심에 의심을 가진 사람은 그 말이 헷갈린다.
당장 신세가 좋은 사람은 말이 적고, 조급한 사람은
그 말이 너무 수다스럽다.
또 남을 속이고자 하는 사람은 그 말을 헛되이 한다.
그리고 지조를 잃은 사람은 그 말이 비굴하니라.

其出入以度하야 外內에 使知懼하며 又明於憂患與故라 无有師
保나 如臨父母니라 初率其辭而揆其方컨대
旣有典常이어니와 苟非其人이면 道虛而不行하나니라

그 나가고 들어옴을 법도로써 하야 안과 밖을 언제나 두려움으
로 경계하도록 하며, 또 우환과 더불어 연고를 밝히는지라 스승의
보호함이 있지 아니하나 부모 앞에 임(臨)함같이 할지니라.

처음부터 그 말을 쫓아서 그 방법이 어찌된 것인지 헤아리건대
거기에는 이미 법례와 상도라는 원리가 있거니와 진실로 그런 인
격이 아니라면 도(道)를 아무것도 아니라 (虛로) 여기고 행하지 아
니하느니라.

(끝)

附錄 Ⅲ　序次改修 周易 繫辭傳 原文

周易繫辭章次改修序

猥乎畏哉以愚者之淺學斯周易繫辭章次改修
之意豈敢生心乎萬一也歟然余平生或得餘暇
日時則每以玩周易為榮及於時繫辭首章外諸
章之文忽覺其章次與文脈或間有不相連之義
更潛玩索便有得乎其文意由此以後修改之意
不解於心以欲改非不知蒙大罪而乃決改修之
志矣雖然當改修之際其次序骨格則以重其從
前之義置之但其文脈之體有相連未分之慮又

章次其緒端之意與下文若有不相連之疑者則
皆以因其章始端之緒而斷其章節之義而已然
而孔夫子此篇文章之例蓋著書中文勢以其生
於未盡之意者則更設其義爲緒以終極其意矣
故以是而爲章節耳非愚者之志意而敢斷之者
也然此篇因改修而咎或有非義者則以俟後之
君子較正而已

檀紀四千三百二十年丁卯閏六月　日

大田市中區槐亭洞

朴　用載謹修敢罪

天尊地卑乾坤定矣卑高以陳貴賤位矣動靜
有常剛柔斷矣方以類聚物以群分吉凶生矣
在天成象在地成形變化見矣
是故剛柔相摩八卦相盪
鼓之以雷霆潤之以風雨日月運行一寒一暑
乾道成男坤道成女
乾知大始坤作成物
乾以易知坤以簡能

易則易知簡則易從易知則有親易從則有功
有親則可久有功則可大可久則賢人之德可
大則賢人之業
易簡而天下之理得矣天下之理得而成位乎
其中矣

右第一章、一節

聖人設卦觀象繫辭焉而明吉凶
剛柔相推而生變化
變化者進退之象也剛柔者晝夜之象也六爻

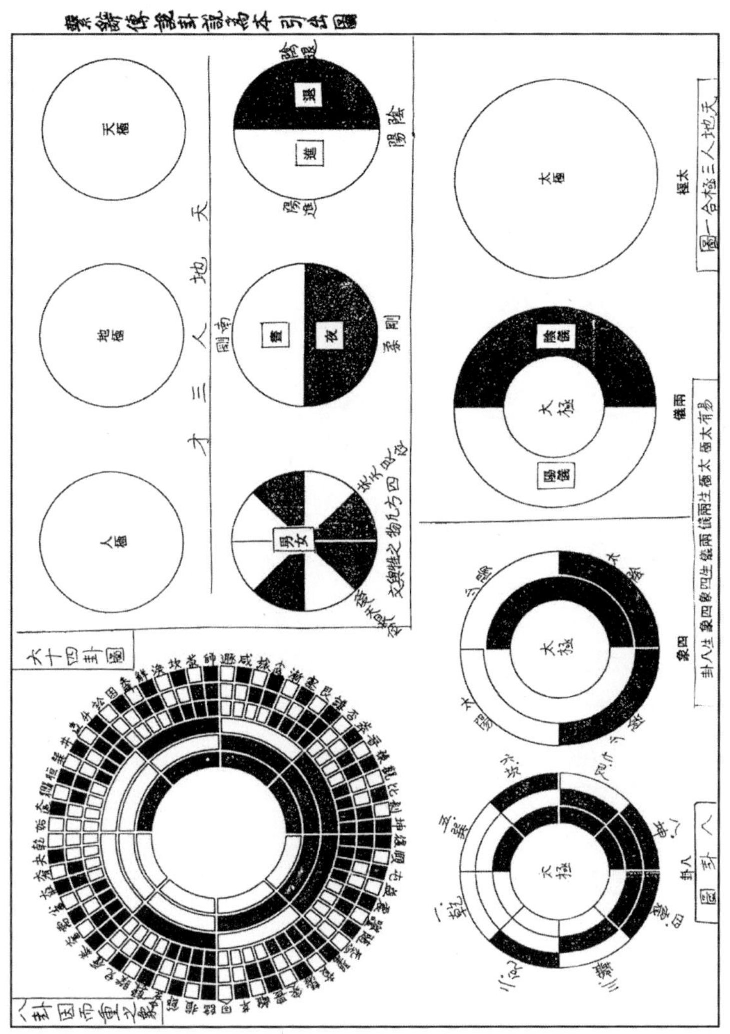

之動三極之道也

是故易有大極是生兩儀兩儀生四象四象生
八卦

八卦定吉凶吉凶生大業

八卦以象告爻彖以情言剛柔雜居而吉凶可
見矣

是故吉凶者失得之象也悔吝者憂虞之象也

是故君子所居而安者易之序也所樂而玩者
爻之辭也

是故君子居則觀其象而玩其辭動則觀其變

而玩其占是以自天祐之吉无不利

右第一章、二節

彖者言乎象者也爻者言乎變者也

吉凶者言乎其失得也悔吝者言乎其小疵也

无咎者善補過也

是故列貴賤者存乎位齊小大者存乎卦辯吉

凶者存乎辭

憂悔吝者存乎介震无咎者存乎悔

是故卦有小大辭有險易辭也者各指其所之

易與天地準故能彌綸天地之道

仰以觀於天文俯以察於地理是故知幽明之

故原始反終故知死生之說精氣為物游魂為

變是故知鬼神之情狀

與天地相似故不違知周乎萬物而道濟天下

故不過旁行而不流樂天知命故不憂安土敦

乎仁故能愛

範圍天地之化而不過曲成萬物而不遺通乎

晝夜之道而知故神无方而易无體

右第二章、一節

一陰一陽之謂道

繼之者善也成之者性也

仁者見之謂之仁知者見之謂之知百姓日用

而不知故君子之道鮮矣

顯諸仁藏諸用鼓萬物而不與聖人同憂盛德

大業至矣哉

富有之謂大業日新之謂盛德

右第二章、二節

生生之謂易

成象之謂乾效法之謂坤

極數知来之謂占通變之謂事

陰陽不測之謂神

右第二章、三節

夫易廣矣大矣以言乎遠則不禦以言乎邇則

静而正以言乎天地之間則備矣

夫乾其静也專其動也直是以大生焉夫坤其
静也翕其動也闢是以廣生焉
廣大配天地變通配四時陰陽之義配日月易
簡之善配至德
子曰易其至矣乎夫易聖人所以崇德而廣業
也知崇禮卑崇效天卑法地
天地設位而易行乎其中矣成性存存道義之
門

右第三章、一節

易有四象所以示也繫辭焉所以告也定之以
吉凶所以斷也
是故夫象聖人有以見天下之賾而擬諸其形
容象其物宜是故謂之象聖人有以見天下之
動而觀其會通以行其典禮繫辭焉以斷其吉
凶是故謂之爻
言天下之至賾而不可惡也言天下之至動而
不可亂也
擬之而後言議之而後動擬議以成其變化

極天下之賾者存乎卦皷天下之動者存乎辭

聖人有以見天下之賾而擬諸其形容象其物

宜是故謂之象

古者包犧氏之王天下也仰則觀象於天俯則觀

法於地觀鳥獸之文與地之宜近取諸身遠取諸

物於是始作八卦以通神明之德以類萬物之情

作結繩而為網罟以佃以漁蓋取諸離

包犧氏没神農氏作斲木為耜揉木為耒耒耨

之利以教天下蓋取諸益

日中為市致天下之民聚天下之貨交易而退

各得其所蓋取諸噬嗑

神農氏沒黃帝堯舜氏作通其變使民不倦神

而化之使民宜之易窮則變變則通通則久是

以自天祐之吉无不利黃帝堯舜垂衣裳而天

下治蓋取諸乾坤

刳木為舟剡木為楫舟楫之利以濟不通致遠

以利天下蓋取諸渙

服牛乘馬引重致遠以利天下蓋取諸隨

重門擊柝以待暴客蓋取諸豫

斷木為杵掘地為臼臼杵之利萬民以濟蓋取
諸小過

弦木為弧剡木為矢弧矢之利以威天下蓋取
諸睽

上古穴居而野處後世聖人易之以宮室上棟
下宇以待風雨蓋取諸大壯

古之葬者厚衣之以薪葬之中野不封不樹喪

期无數後世聖人易之以棺槨蓋取諸大過
上古結繩而治後世聖人易之以書契百官以
治萬民以察蓋取諸夬
聖人有以見天下之動而觀其會通以行其典
禮繫辭焉以斷其吉凶是故謂之爻
鳴鶴在陰其子和之我有好爵吾與爾靡之子
曰君子居其室出其言善則千里之外應之況
其邇者乎居其室出其言不善則千里之外違
之況其邇者乎言出乎身加乎民行發乎邇見

乎遠言行君子之樞機樞機之發榮辱之主也

言行君子之所以動天地也可不慎乎

同人先號咷而後笑子曰君子之道或出或處

或默或語二人同心其利斷金同心之言其臭

如蘭

初六藉用白茅无咎子曰苟錯諸地而可矣藉

之用茅何咎之有慎之至也夫茅之為物薄而

用可重也慎斯術也以往其无所失矣

勞謙君子有終吉子曰勞而不伐有功而不德

厚之至也語以其功下人者也德言盛禮言恭

謙也者致恭以存其位者也

亢龍有悔子曰貴而无位高而无民賢人在下

位而无輔是以動而有悔也

不出戶庭无咎子曰亂之所生也則言語以為

階君不密則失臣臣不密則失身幾事不密則

害成是以君子慎密而不出也

子曰作易者其知盜乎易曰負且乘致寇至負

也者小人之事也乘也者君子之器也小人而

乘君子之器盜思奪之矣上慢下暴盜思伐之

矣慢藏誨盜冶容誨淫易曰負且乘致寇至盜

之招也

　右第三章、三節

天一、地二、天三、地四、天五、地六、天七、地八、天九、地

十

天數五地數五五位相得而各有合天數二十

有五地數三十凡天地之數五十有五此所以

成變化而行鬼神也

參伍以變錯綜其數通其變遂成天地之文極

其數遂定天下之象非天下之至變其孰能與

於此

易无思也无為也寂然不動感而遂通天下之

故非天下之至神其孰能與於此

是以君子將有為也將有行也問焉而以言其

受命也如嚮无有遠近幽深遂知来物非天下

之至精其孰能與於此

是故蓍之德圓而神卦之德方以知六爻之義

易以貢聖人以此洗心退藏於密吉凶與民同
患神以知来知以藏往其孰能與於此哉　古
之聰明叡知神武而不殺者夫
子曰知變化之道者其知神之所為乎

右第四章、一節

夫易聖人之所以極深而研幾也
唯深也故能通天下之志唯幾也故能成天下
之務唯神也故不疾而速不行而至
是以明於天之道而察於民之故是與神物以

前民用聖人以此齋戒以神明其德夫

是故天生神物聖人用之天地變化聖人效之

天垂象見吉凶聖人象之河出圖洛出書聖人

則之

易有聖人之道四焉以言者尚其辭以動者尚

其變以制器者尚其象以卜筮者尚其占

子曰易有聖人之道四焉者此之謂也

右第四章、二節

子曰夫易何為者也夫易開物成務冒天下之

道如斯而已者也是故聖人以通天下之志以
定天下之業以斷天下之疑
是故闔戶謂之坤闢戶謂之乾一闔一闢謂之
變往來不窮謂之通見乃謂之象形乃謂之器
制而用之謂之法利用出入民咸用之謂之神
是故形而上者謂之道形而下者謂之器化而
裁之謂之變推而行之謂之通舉而措之天下
之民謂之事業
化而裁之存乎變推而行之存乎通神而明之

存乎其人默而成之不言而信存乎德行

是故法象莫大乎天地變通莫大乎四時縣象

著明莫大乎日月崇高莫大乎富貴備物致用

立成器以為天下利莫大乎聖人探賾索隱鉤

深致遠以定天下之吉凶成天下之亹亹者莫

大乎蓍龜

大衍數章

大衍之數五十其用四十有九分而為二以象

兩掛一以象三揲之以四以象四時歸奇於扐
以象閏五歲再閏故再扐而後掛
乾之策二百一十有六坤之策百四十有四凡
三百有六十當期之日
二篇之策萬有一千五百二十當萬物之數也
是故四營而成易十有八變而成卦
八卦而小成
引而伸之觸類而長之天下之能事畢矣
顯道神德行是故可與酬酢可與祐神矣

易曰自天祐之吉无不利子曰祐者助也天之
所助者順也人之所助者信也履信思乎順又
以尚賢也是以自天祐之吉无不利也
子曰書不盡言言不盡意然則聖人之意其不
可見乎
子曰聖人立象以盡意設卦以盡情偽繫辭焉
以盡其言變而通之以盡利鼓之舞之以盡神

右第五章

繫辭下傳

乾坤其易之縕耶乾坤成列而易立乎其中矣

乾坤毀則无以見易易不可見則乾坤或幾乎

息矣

八卦成列象在其中矣因而重之爻在其中矣

右第一章、一節

剛柔相推變在其中矣繫辭焉而命之動在其

中矣

吉凶悔吝者生乎動者也

右第一章、二節

剛柔者立本者也變通者趣時者也

吉凶者貞勝者也

天地之道貞觀者也日月之道貞明者也天下之動貞夫一者也

天地之大德曰生聖人之大寶曰位何以守位曰仁何以聚人曰財理財正辭禁民為非曰義

右第一章、三節

夫乾確然示人易矣夫坤隤然示人簡矣

爻也者效此者也象也者像此者也

是故易者象也象也者像也

彖者材也

右第二章、一節

爻也者效天下之動者也

是故吉凶生而悔吝著也

右第二章、二節

爻象動乎內吉凶見乎外功業見乎變聖人之
情見乎辭

易曰憧憧往来朋從爾思子曰天下何思何慮

天下同歸而殊塗一致而百慮天下何思何慮

日往則月来月往則日来日月相推而明生焉

寒往則暑来暑往則寒来寒暑相推而歲成焉

往者屈也来者信也屈信相感而利生焉

尺蠖之屈以求信也龍蛇之蟄以存身也精義

入神以致用也利用安身以崇德也

過此以往未之或知也窮神知化德之盛也

易曰困于石據于蒺藜入于其宮不見其妻凶

子曰非所困而困焉名必辱非所據而據焉身
必危既辱且危死期將至妻其可得見邪
易曰公用射隼于高墉之上獲之无不利子曰
隼者禽也弓矢者器也射之者人也君子藏器
於身待時而動何不利之有動而不括是以出
而有獲語成器而動者也
子曰小人不恥不仁不畏不義不見利不勸不
威不懲小懲而大誡此小人之福也易曰屨校
滅趾无咎此之謂也

善不積不足以成名惡不積不足以滅身小人
以小善爲无益而弗爲也以小惡爲无傷而弗
去也故惡積而不可掩罪大而不可解易曰何
校滅耳凶
子曰危者安其位者也亡者保其存者也亂者
有其治者也是故君子安而不忘危存而不忘
亡治而不忘亂是以身安而國家可保也易曰
其亡其亡繫于包桑
子曰德薄而位尊知小而謀大力小而任重鮮

不及矣易曰鼎折足覆公餗其形渥凶言不勝
其任也
子曰知幾其神乎君子上交不諂下交不瀆其
知幾乎幾者動之微吉之先見者也君子見幾
而作不俟終日易曰介于石不終日貞吉介如
石焉寧用終日斷可識矣君子知微知彰知柔
知剛萬夫之望
子曰顏氏之子其殆庶幾乎有不善未嘗不知
知之未嘗復行也易曰不遠復无祗悔元吉

天地絪縕萬物化醇男女構精萬物化生易曰
三人行則損一人一人行則得其友言致一也
絪音因緼
緼云友
子曰君子安其身而後動易其心而後語定其
交而後求君子脩此三者故全也危以動則民
不與也懼以語則民不應也无交而求則民不
與也莫之與則傷之者至矣易曰莫益之或擊
之立心勿恒凶
右第二章、三節

子曰乾坤其易之門邪乾陽物也坤陰物也陰
陽合德而剛柔有體以體天地之撰以通神明
之德

陽卦多陰陰卦多陽

其故何也陽卦奇陰卦耦

其德行何也陽一君而二民君子之道也陰二
君而一民小人之道也

其稱名也雜而不越於稽其類其衰世之意耶

右第三章、一節

夫易彰往而察來而微顯闡幽開而當名辨物
正言斷辭則備矣
其稱名也小其取類也大其旨遠其辭文其言
曲而中其事肆而隱因貳以濟民行以明失得
之報

右第三章、二節

易之興也其於中古乎作易者其有憂患乎
是故履德之基也謙德之柄也復德之本也恒
德之固也損德之修也益德之裕也困德之辨

也井德之地也巽德之制也

復和而至謙尊而光復小而辨於物恒雜而不
厭損先難而後易益長裕而不設困窮而通井
居其所而遷巽稱而隱

復以和行謙以制禮復以自知恒以一德損以
遠害益以興利困以寡怨井以辨義巽以行權

　右第三章、三節

夫乾天下之至健也德行恒易以知險夫坤天
下之至順也德行恒簡以知阻

右第四章、一節

能說諸心能研諸侯之慮定天下之吉凶成天
下之亹亹者

曰夫易變化无常矣唯賢者以身體之能行
其道是以文王能說諸心以下 云云

是故變化云為吉事有祥象事知器占事知來
天地設位聖人成能人謀鬼謀百姓與能

右第四章、二節

易之與也其當殷之末世周之盛德邪當文王

與紂之事邪是故其辭危危者使平易者使傾

其道甚大百物不廢懼以終始其要无咎此之

謂易之道也

右第四章、三節

易之為書也廣大悉備有天道焉有人道焉有

地道焉兼三才而兩之故六六者非他也三才

之道也

道有變動故曰爻爻有等故曰物物相雜故曰

文文不當故吉凶生焉

右第五章、一節

易之為書也原始要終以為質也六爻相雜唯
其時物也
其初難知其上易知本末也初辭擬之卒成之
終
若夫雜物撰德辨是與非則非其中爻不備
二與四同功而異位其善不同二多譽四多懼
近也柔之為道不利遠者其要无咎其用柔中
也

三與五同功而異位三多凶五多功貴賤之等
也其柔危其剛勝耶
噫亦要存亡吉凶則居可知矣知者觀其彖辭
則思過半矣

右第五章、二節

易之為書也不可遠為道也屢遷變動不居周
流六虛上下无常剛柔相易不可為典要唯變
所適
變動以利言吉凶以情遷是故愛惡相攻而吉

凶生遠近相取而悔吝生情偽相感而利害生

凡易之情近而不相得則凶或害之悔且吝

將叛者其辭慙中心疑者其辭枝吉人之辭寡

躁人之辭多誣善之人其辭游失其守者其辭

屈

其出入以度外內使知懼

又明於憂患與故无有師保如臨父母

初率其辭而揆其方既有典常苟非其人道不

虛行

右第五章三節

圓齋 朴用載先生의 薰陶아래 周易을 배운지 於焉 二十年을 헤아리는

休復易經學會 同仁들은 圓齋先生의 八十三歲 生辰日을 마지하여 泰

山같으신 學恩에 조금이라도 報答하려는 衷情에서 先生의 平生學易

의 結晶인 序次改修 周易繫辭傳을 上梓하여 獻呈하게 됨을 크게 기뻐

하는바입니다.

繫辭傳은 孔子의 易經研究의 總結로서 그 內容이 博大精深한바 周易

의 哲理를 論하며 易例를 闡釋하며 卦爻辭의 精義를 推論하고 있습니

다. 따라서 易經중의 幽微奧妙한 內蘊과 功用은 繫辭傳을 얻어서

비로소 彰顯於世하였다고 말할 수 있을 것입니다. 宋儒程伊川은 聖

人用意深處는 全在繫辭傳이라 하였고 張載 또한 不知繫辭傳而求易

은 正猶不知禮而考春秋也라 하였습니다.

圓齋先生은 平生 玩易하는 가운데 특히 繫辭傳을 耽讀하여 오신바 그

여러 文章가운데 혹 錯簡이 있고 혹 重複된 句節도 있으며 句節과 句

節사이의 文脈이 順調롭지 못한것을 문득 깨닫고 後學을 위하여 繫辭傳의 序次를 改修하여 孔子의 本旨를 바르게 알도록 할 것을 決斷하시고 推敲에 推敲를 거듭하여 편수하신 것이 본 〈序次改修 繫辭傳〉입니다. 通行 朱子易本義의 繫辭傳은 上下二篇에 各篇 十二章으로 分章되어 있으나 圓齋先生의 序次改修本은 上下二篇 各篇 五章에 各章 三節로 都合 二篇 十章 三十節로 改修되어 있습니다. 이로써 文脈이 順調롭고 體系的으로 編纂되어 여기에 孔子易의 主旨가 밝게 드러남으로써 學易者에게 큰 惠澤을 주게 되었습니다.

이제 저희 後學들은 先生의 學德에 感恩하면서 그의 깊은 뜻을 받들어 周易의 眞理를 探究하여 나아갈 것입니다. 圓齋先生의 八十三歲 生辰을 眞情으로 祝賀하오며 無病長壽하심을 衷心으로 祈願하나이다.

公紀二千二年陰曆十一月初七日

休復易經學會 會長

高聖勳 謹識

跋 文(一)

金弼洙

東國大學校 教授

제가 朴用載 선생님을 처음 뵙고 易經공부를 시작했을 때는 이미 이 방면의 공부를 몇몇 선생님들로부터 수업을 받아보았기 때문에 내 딴에는 그래도 이 학문을 좀 안다고 자만하고 있었고 다른 경전 공부를 진행하고 있었을 때였다. 그래서 박 선생님의 수업시간은 다른 정규강의가 끝난 뒤에 개설될 수밖에 없었다. 따라서 강의를 듣는 사람의 수도 한두 명 또는 두세 명 정도에서 시작되었다. 그러나 시간이 거듭되면서 선생님의 周易經 연구의 깊이가 범상치 않았음을 바로 알 수가 있었다. 이렇게 되니까 자연스럽게 소문에 소문이 물려서 수강생이 거의 삼십여 명에 이르기도 했었다.

이렇게 시작한 것이 어언간 13년간 지속될 수 있었던 것은 선생님의 한결같은 성실성 때문이었다. 제가 주역공부를 시작할 때는 보통 한학자들께서 일반 경전(시경 서경 등)은 달통하셨으면서도 주역은 잘 모르시겠다고 하시든지 그곳까지 미쳐야 할 필요를 느끼지 않으시는 분들이 계셨다. 그러면 그럴수록 주역을 공부하고 싶은 욕구는 더욱 치밀어 올랐다. 그래서 주역을 아시는 학자님들을 찾아다니기에 이르렀고 그리하여 "두드리면 열린다."고 했듯이 당대의 유명한 역경학자님들을 만나 공부를 시작할 수 있었다. 학자님들의 경향을 보면 주역경 전문을 암송하시며 몇몇 경전 구절에 이르러서는 기발한 해석을 내리시는 '周易無不通知'의 단계에 드신 분도 계셨고 한문에 아주 능하셔서 논문도 한문으로 쓰시고 우리말로 쓰신다 해도 한문어투를 쓰시고 갑골문에서부터 육체문자를 두루 통하시고 渡日하셔서 유명대학에서 현대학문도 하시고 또 군사정권 '박통' 시절 한문폐지 반대를 주장하시다가 대학에서 퇴직까지 당하신 절의의 대학자님도 계셨다. 이렇게 큰 선생님들을 뵈올 수 있는 기회를 맞았으면서도 원래가 자질이 좀 부족했기 때문에 그저 어렴풋하기만 했을 뿐이었고 여러 저작들을 읽어보아도 이 구절을 왜 그렇게 풀어야만 하는 까닭은 알 수가 없었다. "독서 삼백이면 의자현"이라 했다던가. 무작정 암송할 수만도 없는 것이고 여하간 오래 고생했다. 공부를 하면서 구절과 구절이 연결되는 연결어미가 다른 경전들보다 매끄럽게 이어놓기가 힘든 경전이 주역임을 뒤늦게야 터득할 수 있었다.

박 선생님의 주역 이해는 보통 경전 구절의 우리말 해석에서 비롯되었다기보다는 바로 경전문장의 체득에서 만들어진 것으로 보아야만 한다. 보통 시중에서 판매되고 있는 해설서에 그렇게도 어렵게 풀어놓은 것을 선생님은 아주 쉽게 풀어 말씀하신다. 그것을 가만히 보면 토씨나 연결어미의 차이 밖에 다른 것이 아닌데도 바로 이해됨에는 어이하겠는가? 그래서 體得이란 말을 썼는데 일찍이 저 宋代의 程夫子(伯淳)께서 神悟(自得)라고 입언함이 바로 이

것이구나 하는 생각이 들지 않을 수 없었다. 이렇게 신오(자득)의 경지에 들어서면 말할 수 없는 마음의 기쁨을 맛보게 된다고 하였고 이렇게 되면 "저 눈앞에 보이는 대상이 바로 내 마음이며 내 마음이 바로 저것이다."의 경지, 즉 '物心一如'하여 마음과 몸이 하나(仁) 되면 '天命之謂性'의 '性'을 안정시키는 경지에 도달된다고 (定性論: 정백자의 주론문) 하였는데 본인은 선생님께서 어떤 상황에 접해서 역의 괘와 연결(取象)하시려 골몰하실 때를 뵐 때면 바로 이런 분위기를 감지할 수 있었다.

선생님의 주역이해는 卦爻辭와 十翼을 위주하면서도 伊川易傳을 해석의 저본으로 삼으셨고 晦菴의 本義를 해석의 부본으로 하였기에 항상 義理易解를 근간으로 하여 이를 벗어나는 경우가 없으셨다. 孔夫子께서 "占은 치지 않는 것이다."를 신조로 하여 주역을 대하시면서 늘 對越上帝하듯 대상에 임해야 한다고 말씀하셨다.

고대인들은 어려운 상황에 직면하게 되었을 때에, 만일 이들이 주역문화권역의 생활인이었다면 蓍草占을 쳤을 것이다. 그러면 그 처한 상황과 맞는 卦 또는 爻가 나타날 수 있는 확률은 64분의 1 내지 384분의 1이다. 그러나 실제로 상황에 맞는 괘와 효를 얻어 내기란 지극히 어려운 일이다. 그래서 山水蒙卦에서 "初筮어든 告하고 再三이면 瀆이라 瀆卽不告리니 利貞하니라."라 기록되어 있다. 혹 어쩌다가 상황과 맞는 卦爻를 만날 수도 있다. 그렇다고 그 결과까지 일치하기란 지극히 드물 것이다. 명석하신 공부자는 이 점을 인지할 수 있었기 때문에 '占'은 치는 것이 아니라고 언설하신 것이다.

선생님이 늘 直觀的 擇卦法을 말씀하신 이유가 바로 여기에 있었던 것이다. 우리가 현실에서 살아갈 때 법률문제는 법전에서, 전철이나 버스노선은 노선도에서 찾아보면 된다고 할 때 주역의 이용도 이렇듯이 명약관화해야만 한다. 그저 막연한 기대라면 그것이 현실에서 이용한다는 면에서 볼 때 미신이 아닐 수가 없다. 현실적 어려운 문제에 봉착했을 때 수십 번 揲蓍를 해도 필요한 괘효가 나오지 않는다면 그것은 추상적인 의미든지 구체적인 현실이든지 간에 그것은 문제점 해결로서 의미가 없는 것이 된다.

直觀的 擇卦法이란 바로 나에게 부닥친 문제가 생겼을 때 이 문제를 시간적으로 공간적으로 분석하여 문제의 핵심적 내용에 가장 적절한 괘효를 주역경 안에서 찾는 것이다. 문제의 성격과 그 선후 문제를 감안해서 두 개의 괘를 택할 수도 있겠고 그 이상도 가능하다. 단 괘를 여러 개 선택했을 때는 중심점이 흩어지는 폐단이 있을 수 있다. 또 경우에 따라서는 괘를 선택하고 나서 효는 다른 괘의 효만 따로 선택할 수도 있다. 우리는 우리 앞에 놓인 현실 문제를 괘효가 지시하는 대로 행동하면 되는 것이다. 이것은 문제해결의 정신적인 도덕적 욕구의 충족이 될 수도 있는 것이며 봉착한 현실 문제 타결의 구체적 행동지표가 될 수도 있는 것이다. 이와 같은 방법의 합리적 주역응용은 앞으로 시대를 초월하여 활용될 수 있는 극대화된 공약수가 될 수 있다. 이것이 이른바 '직관적 택괘법'이다. 저는 이십오륙 년 전에 선생님으로부터 이 黃金方을 강의 받고서 많은 생각을 해 보았고 또 내 딴에는 많은 진보가 있었다고 생각했다. 그러면 주역의 괘효란 현대 철학적 의미로서는 무엇으로 규정해야만 하나? 그래서 생각한 것이 '카테고리'(範疇論)설이었다. '아리스토텔레스'나 '칸트'가 10개 내지 12개 카테고리를 설정했으

나 주역에서는 64개의 카테고리를 설정한 것이다. 물론 너무 잡다하다는 비판이 있을 수 있다. 그러나 3천여 년 전에 동양적 문화여건 속에서 정착된 것임을 생각해 볼 때 그리스적인 단순적 정일성 문화가 아닌 복합적이면서 초합리적(초논리적)인 특수여건을 고려해 본다면 그리스적 합리성에 비교해 보아 결코 뒤지지 않는 문화적 업적으로 보지 않을 수 없다. 인식의 최고 유개념이 범주라 할 때 동양인은 인식의 대상을 64괘라는 범주로 인식하고 이 판단을 선택하여 여태껏 살아온 것이다. '易'이 단순한 '占'법이 아님이 이런 이유에서다. 선생님은 직관적이란 말씀은 안 쓰셨지만 내가 처한 상황에 합당한 괘효를 64괘 중에서 골라내야 하기 때문에 자기의 직관력에 의존하지 않을 수 없다. 그러므로 직관이란 말을 쓴 것이다. 그러면 이 직관 능력은 어디에서 오는 것인가? 그것은 타고난 천품의 차이도 중요하지 않을 수 없고 수양과 수업의 여건에서 평가된다고 하지 않을 수 없다. 십수 년 전까지만 해도 어떤 정치적 사건이나 사회적 문제점들이 뉴스의 초점으로 대두될 때나 본인의 신상문제 등을 대전의 자택으로 전화로 여쭈어보면 즉시 또는 하루 이틀 후에 어떤 卦 어떤 爻가 좋겠다고 명확한 擇卦(取卦)를 해 주셨는데 항상 선생님의 取卦의 결과에 내 스스로 긍정하면서 "나는 언제 이렇게 되나?" 하고 스스로를 자책했었다.

이번에 상재되는 "주역 繫辭傳 章次修整"본은 현재까지 나온 것 중에서 가장 발전된 것이며 완벽한 역작이다. 중국학계의 예를 들면 현재 90여 세를 넘기신 원로대가 두어 분의 업적이 있으나 이것들은 부분적이며 또한 완전한 것이 못 된다. 혹 성인이 지으신 경전을 뜯어고친다고 하여 참람하다고 비난할 수도 있겠으나 그것은 고루하고 무지한 소치에서 온 것이 아닐 수 없다. 오늘 우리가 보는 계사전은 2천5백 년 동안 많은 변화를 거듭한 끝에 오늘의 것이 되었다. 十翼이 공부자로부터 비롯됨은 사실이나 彖傳(彖辭가 아님) 정도는 몰라도 십익 전체를 그렇다고 볼 수 없음은 이 방면의 학자라면 다 아는 사실이다. 주역 전체가 많은 변화를 겪었다는 사실은 馬王堆帛書周易의 예 말고도 너무나 많음은 학계의 상식이다. 주역계사전의 章次(순서)가 무질서하게 구성되었음은 주지의 사실인데 이것을 노력 끝에 바로잡기에 이른 것이다. 물론 기존의 것을 폐기하고 장차 수정본으로 대체하자는 것이 아니다. 이 둘을 나란히 놓고 비교하면서 연구해 보시기 바란다. 공부해 보신다면 바로 수긍하실 것이다. 바로 '先聖之學'을 쉽게 공부하자는 것이다. 계사전 장차 수정본은 박 선생님의 필생과업의 결과임은 그 문하생이면 다 아는 사실로 '十目所視'하는 바이다.

 끝으로 이 책이 이렇게 上梓되기까지는 高聖勳 선배님의 헌신적인 노력이 있었음을 말하고 싶다. 먼젓번에도 옛날 한적 모습으로 그 원문만으로 꾸며 멋지게 낸 일도 있었고 이번 것까지 두어해 동안 정말 애쓰신 보람으로 이런 훌륭한 결과를 얻게 되었음을 알려 드린다. 이 책을 손에 넣으시는 강호제현께서는 手不釋卷하시는 연진을 이룩하셔서서 큰 뜻을 세우시기 바란다.

慶州寓居 稤谷緗裏에서

金彌洙 謹識

跋文(二)

易經 공부와 圓齋 先生과의 因緣

史路 金日坤

釜山大學校 名譽教授

1

한 나라가 政治的으로나 社會的으로 매우 不安하고 걱정되는 狀況이라는 評價는 비단 오늘의 우리나라뿐 아니라 옛날에도 많이 있어 왔다.

그렇지만 歷史는 계속 흘러왔고 人間은 어려운 일을 언제나 극복해 왔다. 말하자면 이 세상은 治亂興亡이 엇갈리는 가운데 變化해 가는 것으로 볼 수 있다는 것이다.

그러나 여기서 우리가 잊어서는 안 될 문제가 있다. 세상이 어지럽고 불안할 때 그것을 어떻게 洞察하고 分析하며 앞길을 열어 가느냐 하는 열쇠는 歷史나 經典에서 찾을 수 있다는 사실이다.

어려운 時代를 살아가는 智慧를 얻을 수 있는 많은 書籍 가운데서도 <易經>은 으뜸가는 古典이라 해도 異論이 없을 것이다. 그만큼 易經은 東洋의 여러 經典 가운데서도 가장 卓越한 智慧와

思想體系를 갖추고 있다.

易經은 周知하는 바와 같이 儒學의 古典인 四書三經 가운데서 首經으로 일컬어진다. 易經은 宇宙, 自然, 人間에 관한 모든 現象을 陰陽으로 相對하는 循環과 波動의 原理에 의해서 一元的으로 把握하는 思想體系를 지니고 있다.

儒敎의 많은 古典은 대부분 治亂 興亡의 歷史나 政治에서의 人間의 倫理 道德을 强調하는 思想을 中心으로 해서 이루어져 있다. 그러나 유독 易經만은 宇宙, 天地, 自然의 運行과 循環 거기에 對應하는 人間이 그 人生을 살아가는 데 있어서 필요한 智慧와 岐路에 섰을 때 나아갈 수 있는 選擇에 관해서 論하고 있다. 그리고 現代的으로 말하면 科學思想을 가지고 있는 것도 易經이다.

2

우리나라 朝鮮朝는 五百 年 동안 儒敎를 國是로 삼아왔다. 따라서 儒敎에 의한 人間關係의 倫理와 道德에 의한 秩序를 强調해 왔다. 그러나 歪曲된 近代化를 거치고, 解放 이후 國土의 兩斷, 韓國戰爭 그리고 1960年代 이후의 經濟開發의 過程을 거치면서 傳統的인 宗敎나 價値觀은 크게 바뀌었다. 西洋的인 思想과 文物이 洪水처럼 들어오고, 그런 가운데 세상은 어지럽도록 크게 달라졌다.

그렇지만 歷史의 産物로서의 儒敎的인 文化, 즉 生活의 能力은 알게 모르게 아직도 살아 있다. 外來思想과 文化에 의해서 價値觀이 分裂되고 社會의 樣相은 나날이 크게 달라져 가고 있지만, 한

편에서는 傳統文化의 復活이나 儒學의 精髓인 易經의 공부에 매달리는 사람들은 오늘날 오히려 많아지고 있는 것 같다.

왜 오늘날과 같이 세상이 複雜하고 어지러운 때에 易經을 공부하는 사람들이 많아지는가? 첫째로 易經으로부터 天命의 思想 또는 天人合一의 思想을 배울 수 있기 때문일 것이다. 天命이라는 것은 天地 自然과 人間을 創造, 變化시키는 絶對者 혹은 超越者라 할 수 있다. 그러므로 天地 自然의 順調로운 運行과 循環도 天命이며 人間의 生命 家族 民族 國家 世界도 또한 天命에 의해서 움직여 간다고 易經은 보고 있다. 따라서 이 天命의 思想에서 經綸이라는 것을 배울 수 있기 때문일 것이다.

둘째로 易經이 갖는 天地人의 ‘三才’와 ‘性命’의 思想에서 배우려 하기 때문일 것이다. 天地人 三才는 人間이 生存하는 근본바탕이고, 性命은 天命에 의해서 生命을 받은 人間의 性品, 性情, 性質을 말한다. 性이라는 글자는, 분해하면 마음과 생이 되므로, 살아가는 마음이라는 의미가 된다. 하늘이 命하는 바에 따라 주어진 각자의 性은, 곧 素質이고 能力이다. 따라서 이 각자에게 주어진 性能을 努力해서 開發하여, 세상을 위해서 有爲한 것으로 하지 않으면 안 된다. 人間은 그러므로 性命의 理致에 順應할 필요가 있다. 그러나 天命의 絶對性은 認定하면서도, 人間으로서의 自由 意志를 잃지 않고 性命의 理法에 따라 그것에 順應하면서, 각자의 能力을 最大限 開發해 가는 것이, 人間의 使命이라 보고 있는 것이다.

셋째로 易經이 갖는 生의 哲學, 人生에 있어서의 選擇의 方法論을 배우려 하는 것이다. 이 宇宙 自然과 세상은, 언제나 움직이고 變化하고 있다. 人間은 天地 萬物의 삶을 尊重하고, 모든 삶을

育成해 가지 않으면 안 된다. 變化하고 生動하는 세상에서, 人間은, 機會를 잘 잡고, 契機를 活用하지 않으면 안 된다. 그러므로 易經은 人間이 이 '機'를 선택하고 거기서 死活과 盛衰를 올바르게 가름하라고 易經은 가르치는 것이다.

3

우리나라에는 예부터 숨어 있는 學者나 隱者가 많은 것으로 알려져 있다.

韓半島에서 生을 營爲하고 있는 우리 民族은 많은 外侵이나 戰亂 그리고 社會的인 混亂 등을 겪었다. 그럴 때마다 우리 겨레는 어려운 상황을 슬기롭게 克服하는 智慧를 發揮해 왔다.

이러한 學者나 隱者는 系統的인 學校組織과는 인연이 많지 않으면서도 공부를 꾸준하게 하고 또한 주변에서 찾아와 배움을 청하면 기꺼이 자기가 알고 있는 바를 깨우쳐 주기도 한다.

圓齋 朴用載 先生은 이러한 숨은 在野의 學者라 할 수 있다. 우리는 20여 년 동안 선생으로부터 周易을 비롯한 東洋의 古典을 배워 왔다.

선생은 어릴 때부터 漢學을 공부하였으나 소위 계통적인 학교 교육을 받지는 않았다. 그렇지만 주로 周易의 공부에 興味가 集中되어 平生 동안 易經의 공부에 매달려 오신 분이다.

先生은 日帝治下에 북한에 살고 있디가 약관 20대에 가족을 모두 이끌고 남쪽으로 내려왔다고 한다. 언젠가 先生으로부터 들은 흥미 있는 얘기가 있다. 어느 날 자기 집 사랑방에 모여 있던 어른들이 <南朝鮮論>에 대해서 얘기하고 있었다. 이것은 崔南善의 [朝鮮常識問答]에도 나와 있지만, 예부터 전해져 오는 秘訣에서 앞으로 南朝鮮, 즉 南韓이 살기 좋은 고장이 된다는 이야기이다. 이것을 엿들은 先生께서는 곧장 父親에게, 남쪽이 살기 좋은 고장이 된다면 우리도 남녘으로 이사를 가도록 합시다 하고, 자기 어른에게 주장했다는 것이다. 父親께서는 자네 뜻대로 하라 하시면서 그때부터 즉시 행동에 옮겨 가족을 모두 이끌고 南韓으로 내려왔다는 것이다.

사실 先生께서 일제하에 있을 때 남한으로 내려왔다는 것은 커다란 의미가 있는 것으로 생각된다. 왜냐하면 해방 이후 南北이 양단되고, 북한의 공산화 그리고는 6·25사변이 일어났기 때문이다. 선생께서는 전쟁을 겪으면서 여러 곳을 전전하다가 결국 大田에 정착하시고 거기서 제조업을 하는 등 經濟活動을 부지런하게 하셔서 어느 정도 經濟的인 基盤을 잡게 되었다는 것이다.

그러면서 先生께서는 평생 매달려 온 주역공부를 계속해 오셨다. 그리고 후진들이 가르침을 청하면 기꺼이 강의도 해 주셨다. 보기에는 여위고 어질어 보이지만 內面的으로는 대단히 意志가 강하고 推進力이 있는 분이다.

그러시던 圓齋 선생께서 이번에 易經의 [繫辭傳]의 改修編을 출간하게 되었다. 언뜻 보면 갑자기 나온 것같이 보이지만, 이것은 선생께서 오랫동안 易經을 공부해 오면서 생각하고 詳考한 끝에 나온 것이다. 이번에 改修編을 세상에 묻게 되기까지에는 수십 년 동안 몇 천 번 읽고 또 생각하신 결과이다. 이리하여 이제 窮究하여 온 바를 사람들에게 한번 보여서 논평을 받아보고자 하는 결심이 섰기 때문인 것이다.

왜 繫辭傳을 改修하게 되었는가. 圓齋 선생께서는 역경을 계속 읽어 나가면서 繫辭의 글들이 전후로 연결되는 논리가 무엇인가 걸리는 데가 있다고 느꼈기 때문이다. 옛날의 竹簡으로 된 冊子들은 다시 엮었을 때 반드시 정확하게 원래의 작가가 의도한 대로 연결되었는지 알 수가 없다는 것이다. 그러므로 圓齋 선생께서는 易經 繫辭傳의 경우에도 그러한 가능성이 없지는 않을 것으로 보았던 것이다.

그렇다고 선생께서는 옛 聖賢의 글을 함부로 다룰 수는 없는 것이기 때문에 신중하게 검토한 끝에 원칙적으로 바꾸어서는 안 되겠지만, 아무리 생각해도 이상하다 여겨지는 부분에 대해서는 약간의 수정 보완을 가하였다. 말하자면 그 思想과 論理의 흐름을 잡아 원래 이렇게 되어 있었던 것이 아닌가 하고 그 編制의 順序를 달리해 보면서 약간의 수정 보완을 해 본 것이다. 그러나 이런 부분은 독자들이 알 수 있도록 원래의 것과 대비하여 놓았다.

4

필자는 원래 東洋學을 전공하는 사람이 아니다. 한갓 社會科學徒이며 그것도 경제학을 공부해 온 사람이다. 그런데 우연인지 필연인지 모르겠으나 易經을 공부하게 되었다. 처음에는 半信半疑하는 心境으로 공부를 하였다. 이 東洋의 古典이 무엇인가 깊은 理致가 있을 것 같기도 하고, 한편으로는 과연 現代社會에서 그 思想들이 價値가 있을 것인가 하는 자세였던 것이다.

그러나 점점 講義를 들으면서 그 엄청난 깊은 思想世界에 이끌려 들어가게 되었다. 釜山의 東方精神文化學會에서 처음에는 亞山 金炳浩 선생으로부터 易經의 講義를 2년 정도 들었다. 그러다가 亞山 선생께서 갑자기 세상을 떠나시고 남은 同學들이 수소문 끝에 새로 모신 분이 圓齋 先生이었다.

圓齋 先生께서는 原本周易을 교재로 삼아 그 細註까지도 講義하시고 그 밖에 여러 古典을 읽어주셨다. 해마다 釜山에서 易經硏究發表會가 열리면 꼭 參席하셔서 論文發表 또는 講評도 해 주셨다.

이번에 圓齋 先生께서 繫辭傳硏究(文章次序改修)를 냄에 있어서 편집자는 필자에게 序文을 쓰도록 부탁하였다. 그러나 本人의 經歷이나 淺學함이 도저히 그 責任을 감당하기 어렵다고 생각하여 請託을 固辭하였다. 그렇지만 先生의 學恩을 저버릴 수 없어 감히 序文을 쓸 자격을 갖추지는 못하였다는 생각으로 이에 跋文으로 몇 자 적는 바이다.

後 記

高聖勳

1. 스승과 易學入門

周易은 참으로 심오한 책이라서 많은 이들이 호기심을 가지고 다가와 그 안을 들여다보고 싶어 한다. 그 易의 넓고 큰 世界를 탐구하는 易學은 그래서 매우 어렵고 조심스러운 학문이다. 易의 길(道)을 바로 찾아가기 위해서는 좋은 스승을 만날 수 있어야 한다. 하지만 그런 기회는 매우 드물어서 그것은 차라리 하늘의 축복에 속하는 일이라 할 것이다. 우리는 두 분의 선생을 만날 수 있었다. 한 분은 作故하신 亞山 金炳浩 선생이요 또 한 분은 圓齋 朴用載 선생이다.

사람이 자기의 天命을 깨닫고, 한 삶을 진지하게 살아가고자 한다면, 그리고 이 인간과 세계를 통찰할 수 있는 지혜를 갖고자 한다면, 우리는 먼저 古典에서 그 길을 찾을 수 있을 것이다. 그리하여 東方의 고전 중의 하나인 周易에서 그 길을 찾으려 한 한 무리의 호기심 어린 사람들이 모인 것이다. 30년 전의 일로서 그 모임을 以以會라 했다. 그 모임의 시발은 1979년 가을로 거슬러 올라가는데, 당시 서울에 동양고전 연구모임인 東方思想 研究會가 있었다. 이 모임은 대학교수를 비롯하여 언론계 논설위원 그리고 각계 교양인들이 모인 친목단체이었다. 이 모임이 중심이 되어서 '주역강의'를 개설하고자 講士를 찾던 중에 그때 대구에서 역경강의로 이름이 난 亞山 金炳浩 선생(1918. 1. 19 – 1984. 2. 27)의 소식을 듣고 그분을 초빙하여 서울에서 주역강의를 개설하게 된 것이다. 亞山 선생은 우리나라 근래의 易學大家이신 也山 李達 선생 문하의 직계제자로서 잘 알려진 분이다. 그 주역강의는 일 년 단위로 진행된 셈인데 두 해를 걸쳐 연구생을 배출했으며 한 강의에 수강생이 30명 내외로서 서울 장충단공원 부근에 있던 대학회관 강당을 빌려서 진행되었다. 아산 선생의 주역강의는 '名講義'로서 지금도 그 기억이 새롭다. 주역의 입문강의는 그 당시로서는 아마도 아산 선생을 빼고는 달리 第一人者라 할 인물을 찾아보기 힘들었을 것이다.

주역강의 모임은 매주 주말에 있었는데 수강자들의 熱意는 시간이 갈수록 뜨거워지고, '易'을 배우는 맛을 알기 시작하게 되었다. 그분은 周易을 다 암송하고 있는 터라 강의 시간에 책 없이 빈손으로 나서서 그날의 강의 내용인 주역 원문을 칠판에 멋진 板書로 술술 내려쓰시고 그 어려운 입문강의를 쉽고 요령 있게 진행하는데 청강자들은 시간 가는 줄을 몰랐다. 교재는 "備旨具解 原本周易"(周易傳義大全에 周易諺解를 합본한 책)이었으며, 본문의 강의 내용은 대체로 孔子의 義理易的 해석으로 일관히었다. 乾・坤卦의 강의를 마치던 어느 날, "이제 한 파수 마쳤으니 한번 외어볼까" 하며 그가 自稱하는 '嶺南唱'으로 주역 건곤괘의 전문을 읊어

내리는데 그 낭랑한 독송소리와 그 멋있는 풍모에 우리는 매료되
어 그만 넋을 잃고 말았다.

2. 以以會와 休復會, 그 學易의 情景

아산 선생이 서울의 주역강의 모임을 '以以會'라고 이름을 지었는
데, 이것은 周易 大象傳의 '君子以'라는 글귀에서 따온 이름이었다.
한참 주역열기가 높아가던 도중인 1984년 2월 말경에 아산 선생이
갑자기 별세하시니 享年 66세이었다. 애석하기 그지없는 일로서 우
리들의 낙담과 방황은 한동안 이어져 마치 선장을 잃은 선원같이 방
향을 잃고 해매는 형편이 되었었다. 그때에(그해 8월), 이 모임에 같
이 동참한 金彌洙 동인(동국대학교 철학교수)이 대전의 元老이시며
주역을 평생 공부하신 圓齋 朴用載 선생을 초빙해서 우리의 주역강
의를 이어 나가자는 제안을 하여 왔다. 圓齋 선생은 이미 金益洙 동
인(한국체육대학 철학교수)을 통해서 몇몇 분들과는 접촉이 있었던
모양이었다. 우리들은 그 제안에 동의하고 이래서 서울 종로 3가 소
재 외국어학원 교실을 빌려서 주역강의가 재개되었다.

우리들의 주역공부는 이제 새로운 단계를 마지하게 되었고 圓齋
선생은 처음부터 온 정성을 다하여 우리를 이끌어주셨다. 그분은
참으로 勞謙의 君子로서, 또 후학을 위하여 지칠 줄 모르는 易의
傳道師로서 일관된 자세를 보여주시었다.

선생의 주역강독에서는 앞서 언급한 교재 "原本周易"을 채택하

고 이번에는 그 교본 안의 '易程傳과 朱子本義'의 細註까지 읽고 풀이해 가는 방식으로 진행되었다. 다행이 입문과정에서 기초는 다져진 터라 제이단계의 공부로서는 적절하고 충실한 것이었다. 이 강의에 참여했던 경주의 趙喆濟 동인(東都古典硏究會 主幹)은 원재 선생의 강의 모습을 다음 같이 회상하였다.

"선생님은 한결같은 자세로 한 卦의 經文과 '傳義'를 풀이해 나갔습니다. 한 글자의 字義와 文形을 두고 거듭 되새김하심으로써 初學者들의 길잡이 터를 놓아주셨고, 爻象의 應用을 적절하게 말씀하심으로 64괘의 흐름과 체계를 파악할 수 있었습니다.

본래 선생님은 역학이 占筮에서 비롯되었다고 스스로 말씀하셨습니다. 그러나 이 같은 선생님의 말씀을 본질적으로 이해하는 데는 수업이 상당히 진행되는 과정에서 그 선명한 의도를 조금이나마 뒤늦게 알게 되었습니다. 이를테면 본래 易은 '知來'에 관한 최고의 글이라고 하셨지만 卜筮에 대한 말씀은 가급적 아꼈다는 사실입니다. '本義'보다 '程傳'에 더 큰 비중과 의미를 두신 것도 이를 뒷받침하고 있습니다……

그리고 선생님의 生平을 통해 많은 시간을 갖고 沈潛하며 깊이 천착한 부분은 周易 繫辭傳이라고 감히 말씀드릴 수 있습니다. 선생님께서는 이 글을 읽으시고 그 編次에 대한 錯簡이 있었다는 것을 알게 되었습니다. 이 같은 사실은 일찍이 先儒들도 짐짓 알고 있었지만 金玉처럼 여긴 經文을 차마 改修할 수 없었고, 또한 이러한 일은 오늘날과 달리 社會·思想的 측면에서 여러 가시 문제의 素地가 있어서 禁忌로 여겼던 것입니다. 그런데 선생께서 이에 대한 異義와 改編에 따른 연구를 거듭하셨는데, 이는 참으로 외로운 길이었고 시련이었습니다. 더구나 저는 서울에 올라가서 저녁 강의가 끝나고 旅舍에 들어가면 선생님께서는 이에 대한 말씀으로 서울 밤이 깊은 줄도 몰랐습니다. 그 후에 다시 경주에 내려오셔서 계사전을 강의하실 때 선생님의 이러한 논지는 더욱 확고하셨고, 이를 이론적으로 정리하고 계시었습니다. 저는 京鄕을 다니며 선생님의 따뜻한 가르침을 감명 깊게 받았습니다."(본서 서문 참조)

이렇게 진행된 圓齋 선생의 주역강독은 本經의 64卦 그리고 繫辭傳을 비롯한 易傳의 강독을 마치기까지 거의 일 년 반이 소요되었다. 이것을 두 차례 반복한 후에도 한 차례 더 반복하여 細註까지 다 읽었던 것이다. 이로써 周易의 原典을 읽는 기초가 튼튼해진 것이다. 물론 그 중간에 "中庸"과 "皇極經世書" 등의 교재를 강독하면서 전후 20여 년의 세월은 선생과 더불어 讀易을 생활화하는 훈련 기간인 셈이었다. 우리의 모임은 선생의 제안에 따라서 地雷復卦의 卦義를 빌려서 休復會라 이름하고 후에는 休復易經學會로 발전하게 되었다.

3. 圓齋의 志向과 易說綱領

1) 원재 선생의 '年譜'에 의하면,

선생은 8·15 解放 전인 1943년(癸未年 24세) 봄에 '南朝鮮'을 志向하여 家率과 함께 慶北 豊基로 이사하여 6년간 그곳에 거주

하였다. 이 시기(24세)로부터 3년 동안 오로지 周易工夫에 매진하였으며, "이즈음에 5일 동안 잠이 안 오며 눈 뜬 상태로 지내다가 心眼이 열리는 체험을 하였다."고 그는 이따금씩 회고하였다. 이로부터 1945년(乙酉年 26세) 解放 후 정부수립 시기까지 혼란한 時局을 周易의 水雷屯卦에 비겨보고 易應用의 主見을 세우게 되는데, 이 시기에 白凡 金九 선생의 前途가 險難함을 (易屯卦六二爻辭로서) 豫知하여 事前에 豫防策을 건의하고자 京橋莊으로 찾아갔으나 경호인의 저지로 뜻을 이루지 못하였다고 한다. 이때에 成均館의 金昌淑 선생을 방문하고 시국을 논하며 한동안 교분을 돈독히 한 바 있었다. 선생은 평생을 호학하신 분이신데, 36세(1955년)에는 江原道 五臺山 月精寺 上院庵에서 6개월(3월 – 8월) 동안 수양공부를 한 적이 있으며, 한때 오대산의 方漢岩 선사를 찾는 求道行脚도 있었으며, 부여의 也山 李達 선생을 찾아 주역대담도 하였다. 부여 曲阜書堂의 瑞巖 金熙鎭 선생과는 오랜 교분을 맺어 그분이 돌아가실 때까지 이어오시었다. 선생은 평생을 가업인 농사와 혹 絹織業에 종사하면서 讀易생활을 계속하였다. 64세부터 서울에서 주역강의를 시작하여 오늘에 이르기까지 20년 동안을 治易의 진수를 전수하는 데 여념이 없었다.

2) 聖學志向과 易說綱領

圓齋 선생이 평생에 지향하고 노력하여 오는 바는 儒敎的 聖學이다. 그분이 항상 강조하는 聖學은 곧 孔子의 倫理學이며 孔子의

易學이다. 그는 주역의 계사전을 비롯한 易傳을 공자의 저술로 신봉한다. 그래서 圓齋易說은 孔子易의 해설로 시종일관이다. 선생의 學易과 用易하는 자세와 사고방법에 대해서는 본서를 통해서 이해될 수 있을 것이지만, 그분이 평소에 후학을 위하여 거듭 주장해 마지않은 讀易의 方法論 특히 역의 應用論에 관해서는 아직 단편적으로 서술되어 있어서 못내 아쉬움이 남는다. 혹시 선생의 뜻을 잘못 전달하지나 않을까 염려하면서, 이 자리를 빌려 선생의 '易說綱領'을 단편적이나마 정리하면 다음과 같다.

(1) "옛적에 공자께서 이미 주역이 해득하기 어려운 글인 줄 아시고, 주역을 해석하는 데 필요한 易傳의 글(계사전을 비롯한 十翼의 글)을 지어서 세상에 전하여 주셨다. 오늘날 이 글을 두루 살펴보니, 주역을 공부하려는 사람이 만일 이 繫辭傳의 易例를 익숙히 보고 거기서 좋은 뜻을 얻으면, 이 글을 먼저 읽은 先學으로부터 가르침을 받지 않고서도 이제 學識에 高明함을 얻을 수 있을 것이다. 또한 凡人으로서 배운 지식이나 마음에 가지고 있는 바가 뛰어나게 밝지 못하더라도 참으로 공자의 저술인 繫辭傳을 잘 해득한다면 먼저 공부한 사람에게 그 배움을 전해 줄 것을 바라지 않고서도 讀易하는 일이 가능할 것이다."

(2) "易의 글됨(내용)이 참으로 廣大하여 세상의 모든 이치를 다 갖추어 있어서 (易之爲書也 廣大悉備하야 有天道焉하며 有人道焉하며 有地道焉하니) 비록 그 내용을 解得하기가 매우 어렵다고 하지만 사실로 繫辭傳을 잘 익숙히 공부하면 역을 공부하는 要點이 이로부터 생겨난다. 곧 처음부터 그 글의 뜻을 따라서 그 방법

을 헤아리면, 易의 凡例의 측면에서 떳떳한 幾微가 있음을 알 수 있을 것이다.”

(3) “易이 어찌해서 은미하여 어려운 글이라 말하는가? 역을 배우는 요점이 易 本經과 더불어 繫辭傳을 공부하여 그 내용을 해득하는 데 있지만, 사실 그것 자체가 어려운 일에 속하는 것이다. 그러나 참으로 그것만이 어려운 것이 아니라 역을 공부한 후에 현실생활 중에서 마음속(직관적)으로 ‘易을 應用하는 법’을 터득하는 것이 실은 어려운 점이다. 역을 응용하는 例는 공자께서 이미 그 要領을 얻어 알 수 있도록 밝히 가르쳐 보여주었다. 다만 恨스러운 것은 後世 사람들이 心靈이 열리지 않으므로 해서 자신이 스스로 깨달은 사람(達人)이 되지 못하는 것을 아쉬워할 뿐이다.”(여기서 선생이 주장하는 心眼(直觀)으로 取(擇)卦하여 현실의 情況(개인이나 時局)과 비겨보는 역의 응용법이 강조된 것으로 보인다. 이것은 揲蓍法과는 다른 측면이 있다.)

(4) “易을 공부하는 사람이 대체로 易 중에 內包한 이치가 이미 占筮와 더불어 義理(倫理)的으로 倂用되고 있음을 알고 있으나, 다만 孔子께서는 義理를 主로 삼고 있음은 어떤 까닭인가? 그것은 사람으로 하여금 그 本性을 알게 하기 위함이다. 사람은 먼저 그 본성을 닦은 다음에 그로 인해서 마음으로 天命을 기다리는 것이므로 易은 진실로 자신이 스스로 자기의 命을 만들어 내는 學問인 것이다.”

(5) “易의 應用에 대해서는 兩面性이 있는데, 하나는 卜筮적인 측면과 또 하나는 倫理적 측면이다. 공자께서는 윤리적 측면에서 易을 세상에 전수하였는데, 說卦傳(제2장)에 보면, ‘옛적 성인이 易

을 지음은 장차 그로써 性命의 이치를 따르고자 함이니, 이로써 하늘의 도를 세워 이르되 陰과 陽이요, 땅의 도를 세워 이르되 柔와 剛이요, 사람의 도를 세워 이르되 仁과 義라' 하였다. 이 글 중에 仁義說을 강조하는 것은 곧 역을 후인에게 윤리적으로 응용하도록 권하기 위함이다. 그러므로 역은 잘 응용만 한다면 자기 몸과 마음을 닦는 것과 사람을 양육하는 것과 천하를 경륜하는 학문이 되는 것이다. 이것이 바로 공자께서 역의 응용을 윤리적으로 전하신 목적인 것이다."

(6) "주자가 이르시데, '이제 사람이 무릇 易을 공부하는 데 있어서 한 卦 한 爻를 외우려 할 적에 문득 占을 쳐서 얻은 것같이 하되 虛心으로써 그 글의 뜻이 가르친 바를 추구하여 이로써 길함과 흉함의 可否를 결정한 연후에 그 卦象의 所以然(象에 들어 있는 뜻)을 구하고, 그 理致의 소이연을 구해서 일에 미루어 (推理) 나간다면, 가사 王公으로부터 아래로 庶民에 이르기까지 修身과 治國하는 일 자체에 있어서 다 응용할 수 있으리니, 나로서 그윽이 생각하건대 易의 의의를 이렇듯이 구한다면 三聖(文王·周公·孔子)의 남기신 뜻을 얻은 것 같으리라' 하였다. 나는 이 말이 참으로 좋다고 생각한다. 그러나 朱子가 역을 배우는 사람들에 대하여 말하기를 '역은 모름지기 (반드시) 卜筮하는 글로 보아야만이 바로 그 뜻을 얻으리라. 그렇지 않으면 거의 易을 보지 못하리라' 하였는데 이 글은 생각건대 너무 지나친 말 같으니 후에 이 주역을 공부하는 사람은 깊이 생각하고 상고할 것을 바란다."(원재 선생은 평소 주자의 역설에 대해서는 대체적으로 비판적인 견해를 표명하고 있으시다.)

4. 맺음말

우리들은 圓齋 선생의 20여 년의 恩功에 조금이라도 보답하는 마음에서 지난 2002년 12월에, 선생의 83세의 생신을 기해서 '周易 繫辭傳'(章次改修) 原本(漢文)을 上梓한 바 있었다. 그리고 곧 이어서 선생이 편술하신 '周易 繫辭傳 研究'의 출판을 위하여 편집과 역해작업에 착수하여 드디어 오늘에 그 출간을 보게 되었다.

사실, 孔子의 저술로 전승되어 온 계사전의 문장차서를 감히 손대어 개수한다는 것은, 아직도 보수적인 일부 儒敎人의 입장으로는 참람하게 보일 것이며, 따라서 큰 용기가 없으면 함부로 손대기가 불가능한 일이다. 하지만, 이 시대가 공자역의 진수(易旨)를 이해하기 쉽도록 전달할 것을 요청하고 있다. 다행히, 필자는 계사전의 개수에 대해서 그 타당성을 방증할 수 있는 최근의 자료를 입수한 바 있었다. 현존하는 中國學界의 元老 大家인 金景芳 교수의 저서 <周易 繫辭傳 新編詳解>(遼海出版社, 1998, 瀋陽)가 바로 그것이다. 이 저서는 공자의 저술인 계사전의 現行本에 錯簡, 闕文, 誤增, 誤改, 脫字, 存疑, 移入 등이 있음을 지적하고 이에 대해서 저자가 96세의 고령임에도 불구하고 현행 계사전을 新編하고 詳解하여 새로운 모습의 계사전을 펴낸 것이다. 이 책은 공자탄신 2,550년을 기념하여 펴낸 것이라고 특기하고 있었다.

본 "새로운 周易 繫辭傳 研究"는 원재 선생의 평생 독역과 20여 년의 講易을 농해서 얻은 學究의 結晶이며, 선생의 뜻을 받들어 동인들이 정성으로 합심·협력하여 이루어낸 공동작품이다. 선생 자신은 평소에 겸양하여 세상에 공표하기를 주저하고 사양하여 왔으나 이제 동인들의 강권으로 이 책이 출간을 보게 되었다. 이로써 진리를 사랑하고 주역의 세계를 이해하려는 모든 이들에게 조금이라도 이바지하게 됨을 함께 기뻐한다.

이제 본서의 출간에 즈음해서, 감사의 말씀을 드리고 싶은 여러분이 계시다. 먼저 圓齋 朴用載 선생의 자애로우신 지도편달에 진심으로 감사의 말씀을 드린다. 그리고 귀중한 서문과 발문을 보내 주시어 이 책을 빛나게 해 주신 여러분에게 고마운 뜻을 전하고 싶다. 서문을 欣快히 써주신 강릉의 白川 趙明彙 박사와 경주의 東都古典硏究會 主幹이신 趙喆濟 선생, 그리고 바쁘신 중에도 발문을 써주신 東國大學校 金彌洙 교수와 釜山大學校 金日坤 명예교수 여러분에게 진심으로 감사의 말씀을 드린다. 이분들은 亞山 金炳浩 선생의 以以會 시절부터 오늘의 圓齋 朴用載 선생의 休復會에 이르는 20여 년을 한결같이 朋友講習해 온 동인들이시다.

편집과 출판과정을 통해서, 음으로 양으로 늘 협조를 아끼지 않으신 동인들, 愚山 權五寅 선생, 貴潭 權英一 선생, 明山 李仁喜 선생 여러분께 고마운 뜻을 여기에 전하며, 특히 아산 선생 시절부터 깊은 우정을 맺어온 도반, 愚山 朴載元 선생, 慧中 李範興 선생 두 분에 대해서는 扶餘의 隱遁時節의 三佳會의 추억이 새로울 뿐이다. 끝으로 현재 우리 休復會의 활동과 學易齋(주역문화도서관) 운영에 물심양면으로 후원을 아끼지 않는 无盡未來硏究院의 任承爀 원장에게 감사를 드린다. 임승혁 박사 역시 20여 년 이래의 學易 同仁이다.

본서의 繫辭傳 원문의 장차개수는 圓齋 朴用載 선생이 손수 編

修하신 것이지만 그 譯文과 각 解說文은 본인이 선생의 도움을 얻어 譯解하고 編輯한 것으로 그 文責은 본인에게 있다. 그 잘못된 점은 독자 여러분의 叱正을 받아 다음 기회에 바로잡을 것을 다짐한다.

韓國休復易經學會 會長

高聖勳 謹識

圓齋 朴用載 先生의 年譜

1920년(庚申) 11월 7일(음력), 平安南道 价川郡 朝陽面 桐材里에서 부친 朴炳植, 모친 善山 吉氏의 三男 四女 중 長男으로 출생. 价川은 祖母(兔山 弓氏)의 출생지. 夫人 延日 鄭氏 癸亥生.

幼年(7세 – 13세)에 書堂에서 小學・四書를 학습하다.

1940년(21세). 故鄕 成川으로 이사하여 24세까지 거주. 平安南道 成川郡 成川面 興德里 水德마을은 魯城 朴氏의 14代 世居地.

1943년(癸未年 24세). 봄에 '南朝鮮'을 志向하여 慶北 豊基로 家率과 함께 이사하여 6년간 거주. 24세부터 3년간 周易工夫에 매진. 이 기간에 5일 동안 잠이 안 오며 눈 뜬 상태로 지내다가 心眼이 열리는 체험을 하다.

1945년(乙酉年 26세). 解放 後 정부수립 시기까지 정국혼란의 時局을 周易의 水雷屯卦에 비겨보고 易應用의 主見을 세우다.

이 시기에, 白凡 金九 선생의 前途가 險難함을 (易屯卦六二爻辭로서) 豫知하여 事前에 豫防策을 건의하고자 京橋莊으로 찾아갔으나 경호인의 저지로 뜻을 이루지 못하다. 이때에 金昌淑 선생을 방문하고 시국을 논하며 한동안 교분을 돈독히 하다.

1949년(己丑年 30세). 忠淸道 公州 지역으로 이주할 목적으로 이사 도중 廣川에 머물면서 庚寅년(1950) 6·25전란을 겪다. 잠시 靑陽郡 大峙面 鵲川里로 피난하다 다시 廣川으로 되돌아오다.

公州郡 新豊面 萬川里 玉露峰下에 居住하다. 論山郡 豆磨面 龍洞里 三區로 이사. 大田 柳川洞을 거쳐 現 居住地 槐亭洞에 定着하다. 가업(농사와 견직업)에 종사하며 讀易生活을 계속하다.

1955년(36세). 江原道 五臺山 月精寺 上院庵에서 6개월(3월-8월) 동안 수양 공부를 하다. 이후 가업에 종사하며 讀易生活을 계속하다.

한때 오대산의 方漢岩 선사를 찾는 求道行脚이 있었으며, 부여의 也山 李達 선생을 찾아 주역대담도 하였으며, 부여 曲阜書堂의 瑞巖 金熙鎭 선생과는 오랜 교분을 맺기도 하다.

1983년(64세) 8월. 서울의 한 周易研究 모임(以以會)의 초빙으로 주역강의를 시작, 이후 20여 년 동안 이 모임을 정성을 다해서 이끌었으며, 후일 이 모임의 이름을 地雷復卦의 卦義에 따라 休復會라고 이름하게 되었다.

이 기간 중에(80-90년대), 부산의 東方精神文化學會의 초빙으로 周易과 皇極經世書의 강독을 한동안 이끌었으며, 경주의 東都 古典研究會에서도 周易 繫辭傳의 강독을 이끌어주시다.

1997년 12월 26일. 선생의 제안과 후원으로 休復會는 韓國休復易經學會로 개편하여 역경연구와 동인들의 친목을 도모하는 학술 단체가 되었다.

2002년 12월. 休復會는 선생의 恩德을 기리고자 83세 생신을 기해서 선생의 평생 學易의 結晶인 "周易 繫辭傳"의 文章次序 改修編 原文을 上梓하였다.

2004년 5월. 圓齋 朴用載 先生이 編修하고 高聖勳 會長(休復

易經學會)이 역해한 『새로운 周易 繫辭傳 硏究』가 學易齋에서 교
재용으로 출간되었다.

　2007년 10월. 圓齋 朴用載 先生이 편술하고 高聖勳 會長(休復
易經學會)이 역해한 『原本周易 入門』이 한국학술정보(주)에서 출
간되었다.

　2010년 4월. 圓齋 朴用載 先生이 편수하고 高聖勳 韓國休復易
經學會 會長이 역해한 『새로운 周易 繫辭傳 硏究』가 한국학술정
보(주)에서 출간되었다.

원재 박용재 (圓齋 朴用載)

▌약 력

1920년 11월 7일(음력), 평안남도 개천군 조양면 동재리 출생
1943년 봄, 경북 풍기로 이사. 24세부터 평생 주역연구
1949년, 충청도 공주지역으로 이주. 현재 대전시 서구 괴정동 73-7 거주
1983년(64세) 8월, 서울 주역연구모임 휴복회(休復會)에서 주역연구 지도
2010년 1월, 현재 한국휴복역경학회 명예고문

▌주요 저서

2002년 12월, 周易繫辭傳 文章次序 改修篇
2004년 6월, 주역계사전연구
2007년 10월, 원재선생 미수(米壽)기념문집(원본주역 입문)

중계 고성훈 (中溪 高聖勳)

▌약 력

1930년 2월 4일, 서울시 중구 출생
1950년 5월, 양정중학교(6년제) 졸업, 연희대학교문과대학 입학
1956년 8월, 육군예비역대위 전역, 학창복귀
1959년, 연세대학교 문과대학 철학과 졸업
1960년 1월, 월간 思想界社 편집기자, 취재부장, 업무부장, 장준하 국회의원 비서관 역임
1969년 11월, 한국과학기술연구소 행정관리요원 중간관리직 근무
1979년 이후, 출판사 문현각, IPS(주), 신영미디어(주) 대표이사 역임
1993년 이후, 한국휴복역경학회 회장으로 봉사활동

▌주요 저서

1992년 8월, 太乙金華宗旨(공역)
2004년 6월, 주역계사전연구(공저)
2007년 10월, 原本周易 入門(공저)

새로운 周易 繫辭傳 硏究
— 文章次序 改修 및 譯解 —

초판인쇄 | 2010년 5월 11일
초판발행 | 2010년 5월 11일

편술자 | 박용재
역해자 | 고성훈
펴낸이 | 채종준
펴낸곳 | 한국학술정보㈜
주　소 | 경기도 파주시 교하읍 문발리 파주출판문화정보산업단지 513-5
전　화 | 031) 908-3181(대표)
팩　스 | 031) 908-3189
홈페이지 | http://www.kstudy.com
E-mail | 출판사업부　publish@kstudy.com

등　록 | 제일산-115호(2000. 6. 19)

ISBN　978-89-268-0976-1 93150 (Paper Book)
　　　　978-89-268-0977-8 98150 (e-Book)